Garten-Starter
Das ultimative Einsteiger-Wissen

Sebastian Ehrl

JUTTA LANGHEINEKEN
FOTOS: NADJA BUCHCZIK

blv

Die Garten-Basics

Blütenrausch im Ziergarten

Leckeres aus dem Nutzgarten

Gärtnern ohne Garten

Wieso gärtnern?

Überzeugende Argumente, wieso es sich

lohnt, ein Garten-Starter zu werden und

wie dieses Buch dabei hilft.

Gärtnern macht glücklich – und sexy, Punkt. Mehr Argumente aufzuzählen wäre eigentlich nicht nötig. Sex verkauft schließlich immer und wer Glück verspricht, dem wird zugehört. Es kommt aber noch besser!

Die ultimativen Gründe, zu Samentüte und Spaten zu greifen

Der Sinn des Lebens steckt im Blumentopf. Beziehungsweise im Bepflanzen desselben. Oder im Blumenbeet? Auf jeden Fall irgendwo zwischen Schwertlilien, Salat und Sonnenschirm. Eine Möglichkeit, den Sinn des großen Ganzen zu finden ist nämlich genau da, wo schöne Blüten, leckere Früchte und Müßiggang aufeinandertreffen: im Garten, auf dem Balkon oder im Hinterhof. Gärtnern ist mehr als das bloße Buddeln in feuchter Erde. Es ist Lebenseinstellung, Begegnung mit der Natur und ab-

wechslungsreiches Betätigungsfeld. Und wo sonst ist das Ergebnis getaner Arbeit so unmittelbar und deutlich sichtbar wie bei einem von Unkraut befreiten Beet oder einem neu gebauten Zaun? Was sonst ist so motivierend wie der Anblick frisch gekeimter Samen oder der Geschmack der ersten Tomate aus eigener Ernte?

Wer gärtnert, gewinnt vieles auf einen Streich: Ein Thema, über das man mit Freunden und Fremden nächtelang sprechen kann. Die Gewissheit, Gemüse und Kräuter so gesund anbauen zu können, wie es einem selbst wichtig ist. Und nicht nur ein, sondern gleich mehrere

Rechts   Das Schöne beim Gärtnern ist: Man lernt, sich darüber zu freuen, dass die Mangoldpflanze nur zur Hälfte von den Schnecken vertilgt wurde.

Hobbys: Kreative setzen den Schwerpunkt beim Kombinieren von Pflanzen nach Blütenfarbe und Wuchsform, handwerklich Geschickte beim Anlegen von Beeten und Wegen oder dem Restaurieren von Gartenmöbeln. Unkrautjäten oder Rasenmähen sind meditativ, Umgraben oder Hecke schneiden sportlich — und dank der frischen Luft gesünder als manches teuer bezahlte Workout im Fitnessstudio. Und wer weniger am »In-der-Erde-wühlen« als am Entspannen interessiert ist, macht den Garten mit Duftpflanzen zur Wellness-Oase.

Mach dir deine Welt, wie sie dir gefällt

Erlaubt ist beim Gärtnern alles, was einem selbst Freude bereitet und niemandem schadet. Wo sonst kann man sich so gefahrlos ausprobieren? Funktioniert ein Experiment nicht, ist im schlimmsten Fall ein Pflänzchen zu Schaden gekommen. Gärtnermeister fallen nicht vom Himmel und auch Profis erleben Rückschläge. Dann heißt es Aufstehen, Strohhut richten, überlegen, was man beim nächsten Mal anders machen will und nicht aufgeben. Und wem Unkraut und Arbeit trotz aller Planung dann doch über den Kopf wachsen, schraubt einfach die Ansprüche herunter oder hängt im schlimmsten Fall Gießkanne und Hobby an den Nagel …

Gärtnern hinterlässt Spuren bei Mensch und Natur

Das »Sich-erden-wollen« ist in unserer Zeit zu einem tiefen Bedürfnis vieler geworden. Jemand, der »mit beiden Beinen fest auf dem Boden steht« wird bewundert. Im Garten kommt beides ganz automatisch, denn wer sich mit der Natur beschäftigt, tut Körper und Seele Gutes.

Links Arbeitest du noch oder meditierst du schon? Gießen kann man lästig finden — oder als eine gute Gelegenheit, die Schönheit der Pflanzen zu genießen.

Wie das funktionieren soll? Im Garten lässt sich nicht alles sofort und nach dem »Ich will aber!«-Prinzip umsetzen. Einiges, wie das Umpflanzen von Stauden, funktioniert nur zu einem bestimmten Zeitpunkt. Anderes gar nicht: Eine Tomatenrekordernte darf man im Schatten nicht erwarten. Und manches, wie das Setzen von Blumenzwiebeln, braucht Planung: Sollen sie im Frühjahr blühen, muss man im Herbst pflanzen. Die positiven Nebenwirkungen: Man wird geduldiger und lernt wertzuschätzen, was der Garten und die eigene Arbeit hervorgebracht haben. Wer zum ersten Mal im neu angelegten Beet Gemüse geerntet hat, betrachtet den Salatkopf im Supermarkt mit anderen Augen. Und begreift, wie wichtig das Zusammenspiel von Pflanzen und Tieren ist.

Ja, Garten macht Arbeit – aber nur, wenn man will …

Kaum ein Hobby lässt sich so gut auf die eigenen Bedürfnisse abstimmen wie das Gärtnern. Je nachdem, wie viel Zeit man aufwenden kann oder will und mit welcher Intention man gärtnert, bewirtschaftet man alleine oder mit anderen den eigenen Garten oder ein Stück gepachtetes Land, wird Selbstversorger oder schließt sich einem Gemeinschaftsprojekt an. Entsprechend ist man fast täglich oder nur bei bestimmten Aktionen aktiv. Teilt man eine Fläche mit anderen, kann man nicht in allen Bereichen die eigenen Ideen umsetzen, dafür schont es die Finanzen und den Rücken.

Denn auch was man in den Garten investiert, lässt sich auf die eigenen Möglichkeiten abstimmen. Die einen stöbern gerne auf dem Flohmarkt nach Gartengeräten und -möbeln oder auf den Tauschbörsen nach Pflanzen, die anderen haben nur Spaß an der Arbeit, wenn sie Geräte neu kaufen und zu jeder Kerbe eine Geschichte erzählen können. Zu guter Letzt bestimmt die Idee, die man von seinem Garten hat, die Pflanzenauswahl und damit die Zeit, die man mit Jäten und Umpflanzen, mit Schneiden und Düngen verbringt.

Wieso Garten-Starter?
Ein paar Worte zu diesem Buch

Wenn du anfängst, im Wohnzimmer Tomaten und Phlox zu ziehen; du dir den Hals verrenkst, nur um zu sehen, welche Pflanzen der Nachbar zum Blühen gebracht hat; dich leer stehende Pflanzkübel in Fußgängenzonen dazu bringen, zu Schaufel und Blumenzwiebel zu greifen; Pflanzennamen in deinen Ohren schöner klingen als jeder sanft gesäuselte Kosename deines Liebsten; die Aussicht, Mitglied in einem Kleingartenverein zu werden, verheißungsvoll und nicht verachtenswert klingt; dich die Chance lockt, in der Stadt ein Stück Natur zu pflegen oder du Guerilla-Gardening-Aktionen nicht mehr nur bewundern, sondern selbst planen willst, dann ist es so weit: Du bist ein Garten-Starter! Du hast so viel Gärtner-Energie gesammelt, dass sie unbedingt raus muss. Jetzt und ganz schnell! »Starter« steht für den Beginn und die Lust loszulegen.

Jeder Garten-Starter hat seine eigene Geschichte, die ihn zum Gärtnern bringt. Der eine will sein eigenes Gemüse anbauen und sich so möglichst gesund ernähren, den anderen erinnert das Wühlen in der Erde und der Duft bestimmter Blumen an glückliche Zeiten mit der Großmutter. Dritte suchen einen Ausgleich zum Büroalltag, andere wiederum leben seit dem Umzug in einer neuen Stadt in einer Wohnung mit Balkon oder haben der netten Gesellschaft wegen Lust, sich einer Gartengruppe anzuschließen.

Unkonventionelle Ideen
mit Praxiswert

All diese Einsteiger will das Buch unterstützen, Blumen zum Blühen und Tomaten zum Rotwerden zu bringen. Es steht beratend zur Seite, vermittelt Grundlagen der Gartengestaltung sowie der Pflanzenverwendung und gibt praktische Anleitungen zu vielen Tätigkeiten, die auf Garten-Starter zukommen. Es erklärt, wie man bekannte Pflanzen einsetzt und stellt unbekanntere vor. Auch von Trends und neuen Gartenphilosophien berichtet das Buch. Es baut Berührungsängste ab, gibt Hilfestellung beim Ausprobieren und ermuntert, eigene Ideen und Ansichten zum Gärtnern zu entwickeln. Und das alles unterhaltsam, aber fundiert. Kurz gesagt — das Buch ist das Rundum-sorglos-Paket für Besitzer eines Gartens oder eines Balkons, die nur eines wollen: Loslegen!

Gleichzeitig sind auf den folgenden Seiten nicht nur Grundlagen erklärt, sondern auch spannende Fakten rund um Pflanzen und Pflege gesammelt. Das Buch enthält unkonventionelle Ansichten und außergewöhnliche Tipps. Wer nicht auf 08/15 steht, findet Ideen, wie man Gärten Charakter verleiht. Faule bekommen Anregungen, wie man Balkons so begrünt, dass die Bepflanzung nicht jedes Jahr ausgetauscht werden muss und Menschen, die bisher konventionell gegärtnert haben, einen Einblick in den Naturgarten. Das macht das Buch auch für Garten- und Balkonbesitzer mit Erfahrung interessant.

Was das Buch bietet, aber auch, was nicht ...

Der wichtigste Tipp, den dieses Buch Garten-Startern mit auf den Weg geben will, ist: »Fang einfach an!« Angst, etwas falsch zumachen, ist beim Gärtnern völlig fehl am Platz. Erlaubt ist, was geht und schön ist, was gefällt.

Was das Buch kann und was es nicht will, erklärt dieses Beispiel: Wer einen Garten gestalten oder einen Balkon zur Wohlfühloase machen möchte, findet im Buch eine Einführung zu diesen Themen. Nach der Lektüre weiß man, welche Gedanken man sich machen sollte bevor man loslegt und kann formulieren, welche Wünsche der Garten oder Balkon erfüllen soll. Außerdem gibt das Buch Anstöße, einen eigenen Stil zu entwickeln. Es liefert aber keine All-inclusive-Lösungen. Zu unterschiedlich sind Gärten und Geschmäcker, Böden und Besitzer. Anleitungen mit Gelinggarantie gibt es für die Natur sowieso nicht. Das Buch kann daher auch nicht vor Misserfolgen schützen. Aber die Sicherheit vermitteln, dass Ausprobieren in Ordnung und sogar empfehlenswert ist. Gärtnern lernen heißt auch, in eine neue Welt einzutauchen. Um mitreden zu können, sind Fachbegriffe entweder direkt im Text oder im Anhang erklärt. Eine Auswahl von Pflanzen für Garten-Starter sind in den entsprechenden Kapitel mit kurzen Porträts und Pflegehinweisen vorgestellt. In der großen Welt der Pflanzen kann das Buch

Unten Das Gartengerät hast du schon mal gesehen, aber du hast keine Ahnung, was man damit macht? Dieses Buch erklärt, was Garten-Starter wirklich brauchen.

Unten Auf dem Weg zum Garten-Experten ist es weniger wichtig, welchen Schritt man als erstes tut. Entscheidend ist, dass man loslegt. Die Erfahrung kommt von selbst.

nicht auf alle gleichermaßen eingehen. Da keine Pflanzengruppe so vielfältig ist wie die Stauden, sind sie für Garten-Starter besonders empfehlenswert. Es gibt sie für jeden Geschmack und Standort, sie faszinieren mit Blütenfarben und Blattformen. Und anders als Einjährige begleiten sie den Garten-Starter über viele Jahre. An den richtigen Standort gepflanzt, bleiben sie gesund, ohne dass man zu Pflanzenschutzmaßnahmen greifen müsste. Außerdem kann man die meisten gut teilen und vermehren. Das spart Geld und man kann anderen Garten- und Balkonbesitzern eine Freude machen. Im Buch werden auch weniger bekannte Pflanzen vorgestellt. Diese findet man nicht auf den Schnäppchentischen von Discountern, wohl aber in gut sortierten Gärtnereien.

Die Natur als Vorbild wählen

Beim Gärtnern kann man es sich einfach machen, indem man sich nach der Natur richtet – eine Philosophie, die auch diesem Buch zugrunde liegt. Setzt man Pflanzen an ihren optimalen Standort, bleiben sie gesund, ohne dass der Mensch etwas tun muss. Und mischt man verschiedene Arten, finden entsprechend viele Tiere im Garten Nahrung und Lebensräume. Das Buch gibt außerdem Tipps, wie du Pflanzen auf natürliche Weise gesund hältst und Krankheiten und Schädlingen umweltverträglich entgegenwirkst. Das ist wiederum gut für das Ökosystem Garten, das sich sich so wie von selbst reguliert. Außerdem ist es ein Beitrag zum Umweltschutz. Schließlich ist der Garten ein Stück Natur und soll es auch bleiben. Wer mit ihr gärtnert, versteht die Zusammenhänge besser und entwickelt ein Gespür für die Bedürfnisse von Pflanzen und Tieren.

Links Gelassenheit ist beim Gärtnern wichtig. Schließlich will man keine Höchstleistungen erzielen, sondern die Welt ein Stückchen schöner machen.

Blick hinter den Gartenzaun: das Besondere an diesem Buch

Wenn ein Gärtnermeister mit unkonventionellen Ansichten und Ideen, eine Gartenjournalistin, die es sich zur Aufgabe gemacht hat, für Garten und Natur zu begeistern, und eine mit dem Gartenvirus infizierte Fotografin aufeinandertreffen, bekommt das Ergebnis der gemeinsamen Arbeit eine besondere Energie! Die Zusammenarbeit war außergewöhnlich und inspirierend, das Buch ist es mit Sicherheit auch geworden. Zugegeben, ein wenig Eigennutz war beim Schreiben ebenfalls dabei: Schließlich macht das schönste Hobby der Welt ungleich mehr Spaß, wenn man im Freundeskreis darüber sprechen kann. Viel Spaß beim Lesen und Durchstarten!

Der Countdown läuft: An die Spaten, fertig, los!

Sebastians Spezial-Tipp

An mehreren Stellen im Buch findest du solche Zettel. Hier plaudere ich aus dem Nähkästchen bzw. Gartenhäuschen. Mal berichte ich über meine Erfahrungen mit bestimmten Pflanzen, mal beziehe ich zu einem speziellen Thema Position oder erkläre, wie man ein Gartenproblem auf unkonventionelle Weise löst. Zu einigen Gartenthemen gibt es Step-by-Step-Anleitungen. Im Text sind Verweise zu anderen Kapiteln gesetzt und Schlüsselwörter markiert.

Crashkurs für Garten-Starter

Lust auf Blüten & Bohnen, Beet & Balkon? Dann ran an den Spaten, denn Gärtnern ist keine Wissenschaft, sondern für jedermann erlernbar, versprochen!

Pflanzen kennen, kaufen und vermehren

Wer passt zu mir und meinem Garten? Wie erkenne ich eine gesunde Pflanze? Wo bekomme ich sie günstig? Ein kleiner Wegweiser durchs Pflanzenreich.

Pflanzen sind etwas Wunderbares! Jede einzelne fasziniert. Bei manchen ist der Grund ganz offensichtlich: Blüten oder Blätter in leuchtenden Farben machen sie zum Verkaufsschlager. Bei anderen erkennt man die Schönheit erst aus der Nähe. Das kann wie beim Storchschnabel auffällig geschlitztes Laub sein, eine skurril geformte Samenkapsel wie die des Sonnenhuts, aber auch ein feiner Duft, wie Phlox ihn hat. Kletterpflanzen wie Efeu *(Hedera helix)*, Wilder Wein *(Parthenocissus)* oder *Clematis* haben ausgefeilte Strategien entwickelt, um schwindelnde Höhen zu erreichen (→ Seite 50). Pflanzen aus heißen Regionen wappnen sich mit dicht behaarten Stängeln und Blättern gegen die Hitze.

Ein Garten ohne Pflanzen? Unvorstellbar! Wer ihnen »zuhört«, sie also genau betrachtet und beobachtet, erfährt vieles über ihre Ansprüche. Berührungsängste sind für Garten-Starter fehl am Platz – Ausprobieren ist angesagt! Und wenn aus einem trockenen Samenkorn nach wenigen Monaten eine meterhohe Pflanze gewachsen ist, dann ist dies für »Ersttäter« wie für erfahrene Gärtner ein Grund zur Freude.

Für jeden Garten ist ein Kraut gewachsen

Denn Pflanzen sind echte Alleskönner. Kurz gesagt: Mit **Gehölzen**, also Bäumen, Sträuchern oder Büschen, wird die Struktur eines Gartens festgelegt und sie können zu dauerhaften Hinguckern werden. **Stauden und Einjährige** liefern die Farbe. Während die Stauden nach dem Winter erneut aus den Wurzeln treiben, wachsen Einjährige aus Samen heran. Sie tragen Blüten, aus denen wiederum Samen entstehen, die dann im nächsten Jahr für die neue Generation sorgen. **Immergrüne** halten den Anblick des Gartens auch im Winter lebendig. Dieses Grundwissen hilft durch das gesamte Gärtner-leben – egal, ob ein weitläufiger Garten, ein sonniger Balkon oder ein Kasten vor dem Fenster bepflanzt wird. Der Vollständigkeit halber sollen noch die **Zweijährigen** genannt werden. Sie sichern ihren Fortbestand ebenfalls durch Samen, reifen aber in zwei statt in einer Vegeta-tionsperiode heran.

Für Einsteiger hat es viele Vorteile, sich mit Stauden zu beschäftigen. Dieser Pflanzentyp besticht durch eine fast unüberschaubare Vielfalt an Arten und Sorten, an Farben und Formen von Blatt und Blüte – und ist dadurch un-glaublich vielseitig einsetzbar. Gräser zählen zu den Stau-den und per botanischer Definition auch die Zwiebel- und die Knollenpflanzen. Generell machen Stauden das Gärtnern einfach: Die wenigsten dieser dankbaren Gar-tenbewohner benötigen einen Winterschutz. Und wenn die Pflanzen sich wohlfühlen, werden sie Jahr für Jahr größer, breiter und üppiger, bis man sie teilen kann. Mit dem Nachwuchs kann man entweder die eigenen Beete

füllen oder sie gegen die Schätze anderer Gartenfreunde tauschen. Oft bieten botanische Gärten oder Gartenver-eine solche Tauschbörsen an.

Der Garten als Wohnzimmer im Freien?

Oft liest man vom Garten als Ort der Instant-Erholung. Diese findet man aber nicht automatisch, nur weil man die Möbel möglichst exklusiv und die Pflanzen möglichst pflegeleicht wählt. Schnell nimmt man sich durch einen zu gestylten Garten die Chance, ihn als einen Ort voll Lebendigem zu erleben. Wer statt Geld Zeit investiert und diese nutzt, um die Schönheit der Pflanzen zu ge-nießen, gewinnt Lebensqualität.

Links Das Kaukasus-Vergissmeinnicht *(Brunnera macro-phylla)* blüht zart blau, die Sorte 'Jack Frost' hat zusätzlich weiß gemustertes Laub und gedeiht im Halbschatten.
Rechts Die Kugeldistel *(Echinops ritro)* mit ihren auffällig geformten Blütenbällen ist anspruchslos und als Nah-rungspflanze für Bienen gut für Naturgärten geeignet.

Sag mir, wie du wächst, und ich sage dir, was du brauchst: Wie eine Pflanze aussieht und sich vermehrt, verrät viel über ihre Ansprüche.

Zwiebelpflanzen

Erkennungszeichen: Zwiebeln setzen sich aus verdickten Blättern zusammen, die sich Schicht für Schicht übereinanderlegen. Einige Zeit nach der Blüte sterben die oberirdischen Pflanzenteile ab, die Nährstoffe werden in der Zwiebel gespeichert. So überstehen die Pflanzen trockene Phasen im Sommer oder eisige Winter.

So pflegen: Sie bleiben das ganze Jahr im Boden. Die beste Zeit fürs Pflanzen ist der Herbst. Wie das geht, erfährst du auf → Seite 40.

Prominente Vertreter: Schneeglöckchen, Narzissen, Tulpen, Lilien

Stauden

Erkennungszeichen: Stauden, so sagt das Lehrbuch, sind: »krautige, nicht verholzende Pflanzen, bei denen nur der Wurzelstock im Boden den Winter überdauert und die ihren Lebenszyklus jährlich wiederholen.« Kurz gesagt: Das Schauspiel von Austrieb, Blüte, Samen oder Fruchten und Absterben wiederholt sich Jahr für Jahr.

So pflegen: Stauden können das ganze Jahr im Garten bleiben und treiben von selbst wieder aus. Man schneidet sie im Frühjahr zurück. Wenn sie nicht mehr schön wachsen und blühen, ist es Zeit, sie zu teilen (→ Seite 25). Die geteilten Stauden kann man an anderer Stelle pflanzen oder an Gartenfreunde weitergeben.

Prominente Vertreter: Funkien, Taglilien, Sonnenhut

Kräuter

Erkennungszeichen: Hier kann Verwirrung aufkommen: Zu den krautigen Pflanzen gehören all jene, die nicht verholzen. Bewegt man sich außerhalb von Botanikerkreisen, meint man mit Kräutern aber meist Pflanzen, die man dank aromatischer Blüten, Blätter oder Stiele zum Würzen oder Kochen verwenden kann.

So pflegen: Da es ein- sowie mehrjährige Kräuter gibt und auch solche, die zu den Zwiebelpflanzen gehören, sind die Ansprüche sehr unterschiedlich. Ein Großteil der bei uns beliebten Kräuter sind winterhart. Rosmarin benötigt einen Winterschutz, Zitronenverbene kann man in einem kühlen Raum bei etwa zehn Grad überwintern.

Prominente Vertreter: Petersilie, Bärlauch, Salbei, Estragon

Knollenpflanzen

Erkennungszeichen: Jetzt wird's speziell: Auch Knollenpflanzen lagern wertvolle Stoffe ein. Sie tun dies aber nicht in Blattgebilden, wie bei den Zwiebeln, sondern in Wurzeln oder Sprossen.

So pflegen: Die nicht winterharten Knollenpflanzen wie Dahlien und Gladiolen holt man nach dem ersten Frost aus dem Boden und lagert sich an einem geschützt Ort. Wie das funktioniert, wird auf → Seite 52 erklärt. Erst im Frühjahr werden sie wieder ins Beet gesetzt.

Prominente Vertreter: Dahlien, Gladiolen

Ohne grünen Daumen geht nix? Schluss mit diesem Vorurteil!

Die Rosen wollen einfach nicht blühen, die Hortensien lassen die Köpfe hängen, an den Tomatenpflanzen hängt statt prallroter Früchte fleckiges Laub, die Möhren werden armdick aber knubbelig. Schneller als ein Kresse-samen keimen kann, attestiert man sich den fehlenden grünen Daumen und malt sich in grausamsten Bildern aus, wie die erfolgreichen Gartenfreunde sich abwenden, wenn man sie mit seinem Makel konfrontiert. Aber: Es ist keine Schande, wenn Pflanzen nicht wachsen! Und es wäre fatal, kurz nach dem Start aufzugeben und sich vom schönsten aller Hobbies abzuwenden.

Oft fehlt es den Pflanzen an etwas Grundlegendem: Dem richtigen Standort. Wenn das Verhältnis aus Boden, Licht, Nährstoffen und Feuchtigkeit stimmt, gedeihen sie wie von selbst. Wer einen Garten übernimmt, sollte sich

Zeit nehmen, ihn kennenzulernen. Zu welcher Tageszeit liegen die Gartenteile in der Sonne oder ist es eher schattig? Wie ist der Boden beschaffen (→ Seite 30)? Aber auch: Was charakterisiert die Landschaft um mich herum, welche Pflanzen sind dort typisch?

Erst hinsehen, dann pflanzen

Denn der grüne Daumen ist in Wirklichkeit nicht mehr, als die Bereitschaft, sich mit den Bedürfnissen von Pflanzen auseinanderzusetzen und die Gewächse ausschließ-

Unten Hauswurz *(Sempervivum)* und Wolfsmilch *(Euphorbia)* sind ideal, wenn man einen sonnigen und trockenen Bereich im Garten bepflanzen möchte.
Rechts Sind die Pflanzen passend zu Boden- und Licht-verhältnissen im Garten ausgewählt, bleibt Zeit, ihren Anblick und Duft zu genießen.

lich an einen optimalen Standort zu setzen. Der sieht für jede Pflanze anders aus. Für Gartenbesitzer bedeutet das mehreres: Gute Nachrichten gibt es für alle, deren Garten oder Balkon auf den ersten Blick nicht optimal gelegen scheint. Denn ob schattig, klein oder extrem

»Lieber verzichten, als sich über kränkelnde Pflanzen zu ärgern.«

feucht: Für jeden Standort ist das passende Kraut gewachsen. Die Welt der Pflanzen ist so groß und das Angebot in den Gärtnereien inzwischen so vielfältig, dass es kein Problem sein sollte, die richtige Staude oder ein geeignetes Gehölz zu bekommen. Und: Wer die Verhältnisse im Beet kennt und die entsprechenden Pflanzen wählt, hat automatisch gesunde und widerstandsfähige Pflanzen, die lange Zeit Freude bereiten. Für Garten-

besitzer, ob Greenhorn oder alter Hase, bedeutet das aber auch: Nicht alles, was man will, geht! Passt der Garten nicht zu den Ansprüchen der Lieblingspflanze, muss man unter Umständen auf sie verzichten. Ein Trost: Pflanzen sind robuster als man vielleicht meint. Und wenn ein Kraut partout nicht wachsen will, sucht man sich eine ähnlich schöne Alternative. Das ist allemal besser, als sich über einen schlecht gewachsenen, mit Schädlingen übersäten Gartenbewohner zu ärgern.

In geringem Maß kann man die Standortverhältnisse beeinflussen: Ein Gehölzschnitt bringt Licht in den Garten, auf kleinen Flächen kann man die Bodenverhältnisse verändern. Ob solche Anstrengungen sinnvoll sind, sollte man sich gut überlegen. Aus einem halbschattigen Garten wird nie ein mediterranes Paradies, dafür spart eine Bepflanzung, die an die Standortverhältnisse und die regionalen Gegebenheiten angepasst ist, viel Arbeit und dient der heimischen Tierwelt als Lebensraum.

Passende Pflanzen finden, so geht's:

Das Internet oder Gartenbücher sind eine gute Möglichkeit herauszufinden, welche Pflanze zu meinem Garten oder Balkon passt. Leg dich aber nicht zu sehr auf eine spezielle Sorte fest, denn die kann unter Umständen schwer zu bekommen sein. Ich empfehle: Orientiere dich vorher, ob dir Blühpflanzen oder solche mit tollem Laub besser gefallen und ob die Farbe wichtig ist. Dann lässt du dich in einer guten Gärtnerei beraten.

Hurra, Shopping! Wo und wie finde ich gute Pflanzen?

Eine Garantie für gute Pflanzen kann nur eine Gärtnerei geben, die Pflanzen aufzieht und vermehrt. Die Gärtner wissen über die Besonderheiten ihrer Zöglinge Bescheid und geben dieses Wissen gerne weiter. Außerdem sind so gezogene Pflanzen an die speziellen Klima- und Bodenverhältnisse der Region angepasst. Oft bekommt man dort auch »Geheimtipps« für Pflanzen, die sich gut für Anfänger eignen, aber noch wenig bekannt sind.

Gärtnereien, die ihre Pflanzen selber ziehen, haben oft einen **Schaugarten**. Diese Flächen sind in kleine Bereiche unterteilt, auf denen Pflanzenkombinationen zu verschiedenen Themen stehen. Gerade für Garten-Starter ist dies eine tolle Möglichkeit, Pflanzen kennenzulernen und sich Namen zu notieren. Da die Pflanzen meist ausgewachsen sind, kann man gut einordnen, wie groß sie

»Wer auch kauft, was gerade nicht blüht, hat mehr vom Garten.«

werden, welchen Eindruck sie machen, wenn sie nicht blühen oder wie sie in Kombination mit anderen wirken. Denn wer Pflanzen kauft, ist gut beraten, nicht nur einzupacken, was gerade blüht – der Garten wäre dann zwar zu einer Jahreszeit ein Blütenmeer, böte in den anderen Monaten aber wenig Attraktives.

Einige Gärtnereien bieten **Beratungstermine** im eigenen Garten oder **Seminare** an, in denen man Wissenswertes über Pflanzen für besondere Standorte wie Schatten- oder Kiesgärten erfährt. Solche Angebote sind zwar meist kostenpflichtig, dafür spart man anschließend Geld, weil man die passenden Pflanzen für den eigenen Garten kennt. Dass das Aussuchen vor Ort Spaß macht, steht außer Zweifel. Wer jedoch keine gute Gärtnerei in der Nähe findet, kann auch Pflanzen übers **Internet** bestellen – ein guter Weg, an bestimmte Schätze zu kommen. Die Anbieter legen großen Wert darauf, dass die grüne Fracht unbeschadet beim Kunden ankommt. Vorsicht ist aber bei Hochglanzkatalogen geboten, denen man schon ansieht, dass die Fotos nachbearbeitet wurden. Hier ist gesunder Menschenverstand gefragt.

Wer Geld sparen möchte, dem seien **Tauschbörsen** ans Herz gelegt. Meist werden sie von Botanischen Gärten oder Gartenbauvereinen veranstaltet, Termine findet man in der lokalen Presse. Das Konzept ist meist recht ähnlich und einfach erklärt: Wer Pflanzen übrig hat, bringt sie mit. Meist sind das wuchsfreudige, die genau wegen dieser Eigenschaft gut für Garten-Starter geeignet sind. Solche Treffen sind eine wunderbare Möglichkeit, günstig an Pflanzen zu kommen. Man muss aber damit leben, dass manch ein »Wunschkandidat« nicht zu haben ist. Positiver Nebeneffekt: Man lernt Gleichgesinnte kennen und profitiert vom Wissen erfahrener Hobbygärtner.

Qualität erkennen

Ob in der Gärtnerei gekauft oder auf einer Tauschbörse erhandelt – nur gesunde Pflanzen sollten im eigenen Garten ein neues Zuhause finden. Um sie zu erkennen, betrachtet man Blätter und Wurzeln. Pflanzen mit faulen oder trockenen Flecken oder mit Tierbefall lässt man am besten, wo sie sind. Um solche Schäden zu entdecken, lohnt auch der Blick auf die Blattunterseite. Wachsen die Wurzeln aus dem Topf heraus, ist es ein Zeichen dafür, dass der Ballen gut durchwurzelt, also schön fest ist.

Oben   Gesunde Pflanzen haben ein kräftiges Wurzelwachstum. Wer vor dem Pflanzen mit den Händen den Ballen aufbricht, hilft so der Pflanze Fuß zu fassen.
Unten   Beim Kauf von Zwiebeln und Knollen unbedingt die Fingerprobe machen: Nur die, die fest und frei von faulen Stellen sind, kann man guten Gewissens kaufen.

Ich will mehr! So vermehrst du Pflanzen selbst

Beschäftigt man sich intensiver mit der Pflanzenwelt, entdeckt man erstaunliche Fähigkeiten und Besonderheiten. Dazu gehört auch, dass Pflanzen aus kleinen Teilen wieder zu einem vollständigen Gewächs gedeihen. Was der Gärtner davon hat? Er kann seine Lieblingspflanze selbst vermehren, also neue Pflänzchen heranziehen! Dafür gibt es verschiedene Methoden, nicht jede funktioniert bei jeder Pflanzenart.

Geteilte Staude ist doppelte Freude

Lieblingsstauden, von denen man nicht genug bekommen kann, oder solche, die nicht mehr gut wachsen, nimmt man aus der Erde und zerlegt sie in handliche Stücke. Das mag auf den ersten Blick brutal wirken, aber beide Seiten profitieren davon. Der Gärtner, weil er nun mehrere Pflanzen hat, und die Staude, weil das Teilen sie zu neuem Wachstum anregt. Der beste Zeitpunkt für diese Gartenarbeit ist kurz nach der Blüte – so muss man sich nicht umständlich merken, welche Staude blühfaul geworden ist, sondern kann direkt loslegen. Die Pflanzen sind bis zum Winter so weit eingewachsen, dass sie die kühlen Temperaturen gut überstehen. Stauden, die erst im Spätsommer blühen, teilt man im Frühjahr – etwa Anfang April sollte dies abgeschlossen sein.

1   Die Wurzeln lockern

Mit einem Spaten – oder noch besser mit einer Grabegabel – stichst du rings um den Wurzelballen der Pflanze, sodass sie rundherum gelockert ist.

2   Die Staude aus der Erde holen

Kleinere Stauden kannst du schon nach wenigen Stichen aus der Erde heben, bei größeren lockerst du den Wurzelballen so lange, bis du ihn komplett anheben kannst.

Zum Herausheben kannst du die Hebelwirkung des Spatens bzw. der Grabegabel nutzen. Das ist vor allem bei sehr großen Staudenexemplaren nützlich. Leg dafür den Stiel auf den Rand der ausgehobenen Grube, schieb Blatt oder Zinken unter den Ballen und hebel die Staude aus dem Loch. Anschließend schüttelst du so viel Erde wie möglich aus dem Wurzelwerk. Wenn die Erde sehr fest sitzt, kannst du sie mit Wasser herausspülen.

Sind die Wurzeln freigelegt, sieht man, ob sie gesund oder verfault sind. Kranke oder faulige Wurzeln sind matschig weich und riechen unangenehm. Außerdem ist zu erkennen, wo die Pflanze bereits neue Triebe angelegt hat. Diese sehen den Keimen auf Kartoffeln ähnlich und sind in Bild 3 gut zu erkennen.

3   Oberirdische Teile zurückschneiden

Um die Wuchskraft der Staude zu fördern, schneidest du das Laub je nach Größe der Pflanze etwa ein bis zwei Handbreit über der Wurzel zurück. Dafür eignet sich eine Rosenschere – eins der Werkzeuge → **Seite 36**, ohne die kein Gärtner auskommt. Obwohl das Pflanzengewebe von Stauden meist recht weich ist, sollten die Klingen möglichst scharf sein, denn bei glatten Schnittflächen haben Krankheitserreger weniger Möglichkeiten, in das Gewebe einzudringen.

4   Unterirdische Teile zurückschneiden

Um die Pflanze anzuregen, neue Wurzelfasern zu bilden, schneidest du die Wurzeln ebenfalls zurück. Auch dafür eignet sich die Rosenschere. Hierbei kannst du noch einmal genau kontrollieren, ob die Wurzeln gesund sind und an welchen Stellen frische Triebe entstehen. Einige Pflanzen wie Schwertlilien (Iris) oder Farne bilden Rhizome – Organe, die wie verdickte Wurzeln aussehen. Möchte man solche Stauden teilen, schneidet man dieses Rhizom mit einem Messer in »Stücke«, die jeweils Wurzeln und Triebansatz haben müssen.

5 Den Wurzelballen prüfen

Alte Stauden werden innen kahl oder bekommen dünne Stiele. Es entsteht eine »Linie«, auf der relativ wenige Augen sitzen. Dies ist auch die Linie, entlang der du die Staude teilst. So verletzt du möglichst wenige »Augen«, also die Stellen, aus denen neue Triebe austreiben. Mit etwas Übung erkennst du beim Anblick des Wurzelballens recht schnell, wo eine gute Stelle zum Teilen ist.

6 Den Wurzelballen teilen

Entlang dieser Achse teilst du die Staude. Dabei brauchst du nicht zimperlich zu sein – das Kaputtmachen ist hier erwünscht! Für das Teilen nimmst du je nach Pflanze die Hände, ein Messer oder eine Schere. Alte Exemplare haben manchmal einen sehr festen Wurzelstock gebildet – so nennt man das Gebilde aus dünnen und dicken Wurzeln sowie unterirdischen Pflanzenteilen. Dann ist es

unter Umständen sogar notwendig, dass du einen Spaten zur Hand nimmst. Zu vorsichtig brauchst du auch bei Stauden wie Flammenblume (*Phlox*), Astilben (*Astilbe*) oder Funkien (*Hosta*) nicht sein. Ihr Wurzelstock ist sehr fest, manchmal sogar holzig. Ist die Staude geteilt, befreist du alle Teile von eingewachsenem Unkraut und entfernst beschädigte Wurzeln. Diese könnten faulen, was die Staude schwächt und das Weiterwachsen nach dem Umpflanzen verzögert.

Aussaat, Absenker, Stecklinge – da geht doch noch was

Neben dem Teilen von Stauden gibt es zahlreiche andere Möglichkeiten, Pflanzen selbst zu vermehren. Bei vielen Arten lohnt es sich, die **Samen** zu sammeln und im zeitigen Frühjahr auf der Fensterbank eine Jungpflanzenanzucht zu beginnen. Oder man sät direkt ins Freiland. Anleitungen dazu gibt es auf → **Seite 42**. Wie Knollen-

pflanzen, zum Beispiel Dahlien (Dahlia) oder Stauden-Sonnenblumen (Helianthus), geteilt werden, steht auf →Seite 28. Andere Pflanzen nehmen dem Gärtner die Arbeit der Vermehrung ab: Sie bilden **Ausläufer**, also junge Pflanzen an einem langen Spross. Der Nachwuchs bleibt einige Zentimeter von der Mutterpflanzen entfernt auf dem Boden liegen, bildet nach und nach Wurzeln und wächst an. Der verbindende Trieb stirbt nach einer Weile ab und die neue Pflanze kann sich selbst versorgen. Solche Pflanzenkinder kann man in Töpfe oder direkt ins Beet pflanzen. Erdbeeren (Fragaria) zum Beispiel kann man wunderbar auf diese Weise vermehren. Wer die Mutterpflanzen nach zwei Jahren entfernt, hat immer junge, früchtetragende Pflanzen im Beet. Andere Pflanzen, die sich auch so gut vermehren lassen, sind Golderdbeere (Waldsteinia ternata) oder Hauswurz (Sempervivum). Bei Zimmerpflanzen kann man bei der Grünlilie (Chlorophytum comosum) sehr gut beobachten, wie sie solche Ausläufer bildet.

Will man Haselnuss (Corylus avellana), Clematis oder Johannisbeeren (Ribes) vermehren, geht das ganz einfach mit **Absenkern**. Dafür befreit man einen langen, noch frischen und dadurch biegsamen Zweig bis auf ein Blattpaar am Ende des Triebs von Laub. In der Mitte des Zweigs ritzt man die Rinde an und fixiert sie mit einem u-förmig gebogenen Draht im Boden. Anschließend mischt man Sand, Torf und Kompost und deckt die Stelle damit ab. An der verletzten Rinde bildet der Zweig Wurzeln. Schneidet man diesen Zweigteil heraus, hält man das Pflanzenkind in den Händen.

Eine weitere Möglichkeit, neues Grün heranzuziehen, ist die Vermehrung über **Stecklinge**. Dafür schneidet man im Frühjahr das obere Ende eines Triebes etwa fingerlang ab. Im unteren Bereich entfernt man das Laub und, falls vorhanden, ebenfalls die Knospen. Besser ist ein Pflanzenteil, der von vornherein keine Knospen hat. Stecklinge von Balkonpflanzen schneidet man im Spätsommer im grünen Zustand. Sie sollten etwa zehn Zenti-

meter lang sein. Schneidet man lange Zweige in mehrere Stücke, um diese dann bewurzeln zu lassen, nennt man das Steckholz.

Als nächstes sorgt man dafür, dass die Stecklinge bzw. -hölzer Wurzeln bilden. Pflanzen wie Buntnessel (Plectranthus), Geranien (Pelargonium) oder Fleißige Lieschen (Impatiens walleriana), die schnell bewurzeln, stellt man in ein Glas mit Wasser und wartet, bis sich die feinen weißen Fasern zeigen. Dann werden sie getopft. Bei etwas weniger wüchsigen Pflanzen steckt man die geschnittenen Pflanzenteile in ein Gemisch aus Torf, Anzuchterde und Sand und packt den Topf in eine Plastiktüte. So erreicht man auf einfachste Art die feucht-warme Atmosphäre eines Gewächshauses.

Diese Stauden lassen sich gut teilen:

Wenn ich Pflanzen suche, frage ich zuerst im Bekanntenkreis, ob jemand mir aus seinem Garten etwas abgeben kann. Mit diesen Stauden habe ich gute Erfahrungen gemacht:

→ Astern (Aster ssp.)
→ Chinaschilf (Miscanthus sinensis)
→ Eisenhut (Aconitum ssp.)
→ Funkien (Hosta)
→ Lampenputzergras (Pennisetum alopecuroides)
→ Minzen (Mentha ssp.)
→ Schafgarben (Achillea filipendulina)
→ Stauden-Sonnenblume (Helianthus)
→ Sonnenbraut (Helenium ssp.)
→ Taglilien (Hemerocallis)

Tolle Knollen! So einfach werden aus einer viele

Hat die Dahlie den Spätsommer über schön geblüht, möchte man sie im nächsten Jahr vielleicht an einer anderen Stelle im Garten platzieren oder andere Gartenfreunde mit der Sorte beglücken. Da man Dahlienknollen sowieso vor dem Winterbeginn aus dem Boden nimmt, ist das Teilen im Frühjahr mit Leichtigkeit erledigt.

Mit dem Ausgraben der Dahlien wartet man bis zum ersten Frost. Die oberirdischen Pflanzenteile sehen nach dem Kälteeinbruch wie abgekocht aus. Mit einer Grabegabel holt man nun die Knollen vorsichtig aus der Erde. Teil-stücke, die abfallen, kontrolliert man auf Triebansätze. Denn nur Knollen, die ein Triebstück und Wurzeln haben, treiben im Frühjahr wieder aus. Nun wird die Erde behutsam entfernt. Knollen, die auf Druck nachgeben, feucht oder schimmelig sind, können entsorgt werden.

Die Knollen lässt man einige Zeit an der Luft trocknen. Wer ganz vorsichtig ist, desinfiziert die Wunden mit Holzkohlepulver. Als Alternative kann man auch zu Zimtpulver greifen. Im Frühjahr setzt man die Knollen an die gewünschten Plätze im Garten.

Außer Dahlien sind Knollenbegonien (*Begonia × tuberhybrida*), Frühlings-Anemonen (*Anemone blanda*) oder das strahlend gelbe Scharbockskraut (*Ranunculus ficaria*) Knollenpflanzen. Die letzten beiden können zwar den Winter über im Boden bleiben, die Vermehrung geht jedoch genauso wie bei den Dahlien – man teilt sie, wenn das Laub beginnt, sich gelb zu färben.

Unten So ist's perfekt: Jeder Knollenteil hat einen Trieb, alle Wurzeln und Knollen sind gesund. Wenn sich die einzelnen Teile schlecht trennen lassen, kann man vorsichtig mit einem Messeer nachhelfen.

Einfacher geht's nicht: Saatgut sammeln und lagern

Wer zur richtigen Zeit am richtigen Ort ist, kann Samen sammeln und so der Lieblingspflanze auch im nächsten Jahr zu einem großen Auftritt im Beet verhelfen. Wie bei den Tomaten ist der Samen vieler Pflanzen von Fruchtfleisch umgeben. Es enthält keimhemmende Stoffe, schließlich will die Pflanze verhindern, dass der Same zu früh keimt. Um die Samen aus dem Fruchtfleisch zu lösen, gibt man einige in ein Glas und verschließt es. Das Fleisch löst sich auf. Nach zwei bis drei Tagen kippt man sie in ein Teesieb und spült alles gründlich ab. Das Saatgut lässt man auf einer Lage Küchenpapier trocknen. Die trockenen Samen werden am besten in einer Papiertüte an einem kühlen, trockenen und dunklen Ort aufbewahrt. Tee- oder Kaffeefilter aus Papier eignen sich zu diesem Zweck hervorragend! Man beschriftet sie mit Pflanzen- und Sortenname sowie dem Jahr der Ernte. Das ist wichtig, weil Saatgut im Laufe der Jahre an Keimfähigkeit verliert. Pflanzen, die keine fleischigen Früchte tragen, beerntet man an einem sonnigen Tag, eine weitere Trocknung erübrigt sich. Alle weiteren Schritte gehen wie beim Tomatenbeispiel von statten. Selbstgemachte Samentütchen aus Butterbrottüten sind übrigens eine schöne Geschenkidee für andere Garten-Starter.

Gewiefte Pflanzensammler haben immer kleine Dosen oder Tüten dabei – schließlich wissen sie nie, auf welche begehrenswerte Pflanze sie in anderen Gärten stoßen. Dass man den Gartenbesitzer vorher um Erlaubnis bittet, Samen abnehmen zu dürfen, ist selbstverständlich.

Oben   Viele Samenstände sind skurril geformt und können, nachdem man die Samen entnommen hat, in Gestecken verwendet werden.

Unten   Pfingstrosen haben spektakuläre Samen, sind aber nicht leicht aus ihnen zu ziehen. Besser, man lässt die Samenstände stehen und freut sich daran.

Der Standort: Viel wissen hilft viel

Woher weiß ich, was mein Garten meinen Pflanzen

zu bieten hat? Und wie hilft mir dieses

Wissen weiter? Wir gehen der Sache auf den Grund.

Gärtnern wie es dem Standort entspricht – das soll also die Antwort sein auf die Frage: »Wie wird mein Garten schön?« Liebe Garten-Starter, falls diese Aussage mehr Fragen aufwirft als beantwortet: Rettung naht!

Ohne diese drei geht nix: Wasser, Licht und Nährstoffe

Wir starten mit einem kleinen Ausflug in die Botanik: Das Erfolgstrio Wasser, Licht und Nährstoffe versorgt Pflanzen mit allem, was sie benötigen. Wasser hält die Zellen prall und es transportiert Nährstoffe. Wie Licht wird es für die Fotosynthese benötigt. Nährstoffe liefern wichtige Bausteine für das Wachstum, die Blütenbildung und vieles mehr. Wie Pflanzen mit Wasser und Nährstoffen versorgt werden, hängt hauptsächlich von der **Bodenart** ab. Ist er schwer und wie ein Schwamm, der Unmengen spei-

chern kann? Oder sandig-leicht und dadurch selbst nach starken Regenfällen trocken? Wer sich Klarheit verschafft, weiß ganz genau, welche Pflanzen in seinem Garten gute Chancen haben, zu gedeihen.

Den Boden auf die Probe stellen

Um welche Bodenart es sich im eigenen Garten handelt, findet man heraus, indem man tut, was Kindern oft verboten wird — mit der Erde rummatschen. Man verrührt sie mit etwas Wasser und zerreibt den Brei zwischen Daumen und Zeigefinger: Kratzige Krümel zeigen, dass es sich um Sandboden handelt, je mehr Ton der Boden enthält, desto glatter wird die Erde. Um genauer zu erfahren, wie viele Nährstoffe im Boden stecken, lässt man eine Bodenprobe machen. Dafür schickt man Erde an spezielle Institute und bekommt von diesen eine Düngeempfehlung für den eigenen Garten. Einen Schnelltest für den **pH-Wert** bekommt man im Gartenfachhandel. Paradiesische Zustände herrschen, wenn der Boden leicht lehmig und pH-neutral ist. Sandige Böden können Wasser und Nährstoffe speichern, wenn man sie mit Kompost vermischt und organische Langzeitdünger darin versenkt. Und zum Glück ist die Pflanzenwelt so vielfältig, dass es für jeden Standort die passende Pflanze gibt.

Was Pflanzenetiketten verraten

☀ Sonnig sind Plätze, die die meiste Zeit des Tages der direkten Sonnenbestrahlung ausgesetzt sind. So eine Lage bevorzugen viele Stauden, aber auch Kräuter und Gewürzpflanzen. Die Stauden brauchen zur Entwicklung ihrer großen und üppigen Blüten sehr viel Licht, deshalb tut man gut daran, sie sonnig zu setzen. Bekommen sie

Unten Auf leichten Böden versickert das Wasser schneller, als die Pflanzen es aufnehmen können. Regelmäßiges Gießen ist dann eine der wichtigsten Gartenarbeiten.

wenig Licht, bilden die Pflanzen nur wenige Blüten oder gehen gar in den Blühstreik. Ähnlich verhält es sich bei den Kräuter- und Gewürzpflanzen. Sie kommen häufig aus dem Mittelmeerraum und haben sich dort der starken Sonne angepasst. Stehen solche Kandidaten zu schattig, wachsen sie nicht schön verzweigt und bilden weniger ätherische Öle. Und das bringt uns um Duft, Geschmack und Heilwirkung!

◑ Als halbschattig bezeichnet man Stellen, die in der Nähe von Gehölzen oder Bäumen liegen und die in der Mittagszeit im Schatten liegen. Hier fühlen sich außer den absoluten Sonnenkindern fast alle Stauden wohl. Auch Schattenstauden gedeihen hier, besonders solche, die Panaschierungen (also Blätter mit einem Weiß- oder Gelbanteil) aufweisen. Also keine Panik: Eine Sonnenstaude stirbt nicht, wenn sie wenige Stunden im Schatten steht, genauso wenig nimmt eine Schattenstaude ein paar Sonnenstrahlen krumm.

● Schattige Bereiche, wie man sie unter großen Bäumen findet, sind ideal für Schattenstauden. Und im zeitigen Frühjahr ist es dort noch so hell, dass Frühblüher wie Buschwindröschen und Zwiebelpflanzen gedeihen.

Blumenerde: universal oder spezial?

Meine Erfahrung ist: Für fast alle Pflanzen — ob Zimmerpflanzen, Zierpflanzen, Stauden, Gemüse oder Gehölze — ist ein Universalsubstrat bestens geeignet. Lediglich die Qualität spielt hier eine Rolle! Eine gute Blumenerde ist locker, luftig, enthält faserige Anteile, und riecht nach ... naja, nach Erde eben. Fragt doch mal in der Gärtnerei um die Ecke nach, ob ihr einen Blick ins Erdlager werfen dürft. Einige Gärtnereien verkaufen selbstgemischte Erde.

Die Zutaten für gute Blumenerde: Je zwei Hände Kompost, Sand und Landerde pro 20 Liter gekaufte Erde und man erhält ein Power-Substrat.

Kompost

Besondere Kennzeichen: Kompost ist sehr nährstoffreich und hat eine krümelige Struktur. Je nach Alter sind die Pflanzenteile noch erkennbar. Er riecht erdig frisch.

Der Hit, wenn … die Erde in Beeten oder Töpfen wenig feste Bestandteile enthält, dann verbessert er die Bodenstruktur. Ist der Boden sehr sandig, verbessert man durch das Untermischen von Kompost seine Fähigkeit, Wasser zu speichern. Als dünne Mulchschicht auf Beeten versorgt er die Pflanzen mit Nährstoffen. Hierfür eignet sich auch Kompost, der noch nicht vollständig in feine Teile zerfallen ist.

Woher bekommen? Kompost kann man selbst ansetzen (→ Seite 120) oder in vielen Gemeinden günstig beim Kompostwerk bekommen. Solche Werke arbeiten mit hohen Temperaturen, dadurch sterben die Unkrautsamen ab.

Landerde

Besondere Kennzeichen: Meist sehr lehmig und reich an Mineralien, kann gut Wasser speichern. Sie ist allerdings auch sehr schwer.

Der Hit, wenn … man gekaufte Blumenerde verbessern möchte.

Woher bekommen? In kleinen Mengen vom Acker. Vorher fragen!

Sand

Besondere Kennzeichen: Fein, fast staubig, weiß bis grau

Der Hit, wenn … eine gekaufte Blumenerde mit hohem Kompostanteil zu schlammig wird und durchlässiger werden soll.

Woher bekommen? Sehr günstig im Baumarkt

Torf

Besondere Kennzeichen: Torf ist für den typischen Anblick klassischer Blumenerde bekannt. In trockenem Zustand ist Torf hellbraun, in nassem dunkelbraun, es sind Fasern erkennbar.

Der Hit, wenn … man ein Moorbeet oder ein Minimoor anlegen möchte.

Woher bekommen? Um Torf zu gewinnen, werden Moore abgebaut, die sehr wichtige Lebensräume für Tier- und Pflanzenarten sind. Bis ein Moor entsteht, dauert es Tausende von Jahren. Besser ist es, torfreduzierte — oder noch besser — torffreie Erden zu kaufen. Oft werden sie mit der Kennzeichnung »bio« verkauft. Statt Torf enthalten sie Kompost, Rindenhumus und Holzfasern. Manchmal wird Lavagranulat beigemischt, um die Wasserdurchlässigkeit der Blumenerde zu verbessern.

Starke Helfer: Gartengeräte

Welche Werkzeuge soll ich mir zulegen?

Wofür verwende ich sie? Und worauf muss ich beim

Kauf achten? Wir packen's an!

Gartenarbeit sei ja eigentlich keine Arbeit, hört man von Hobbygärtnern immer wieder. Recht haben sie — vorausgesetzt, man hat das richtige Werkzeug parat. Dann geht vieles, was mühselig erscheint, leicht von der Hand. Außerdem arbeitet man wirtschaftlicher, ist mit allem schneller fertig und hat mehr Zeit, den Anblick der getanen Arbeit zu genießen.

Gutes Werkzeug = gute Laune, garantiert!

Nichts ist frustrierender als ein Spaten, der schnell verbiegt oder eine Rosenschere, die vor dem erstbesten dickeren Ast kapituliert. Ein Gartengerät, das die Arbeit erleichtert und den Rücken und die Sehnen schont, sollte also vor allem eins sein: Von guter **Qualität**, sodass es möglichst ein Gärtnerleben lang hält. Und: Je öfter man

das Gerät benutzen wird, desto mehr sollte man auf eine gute Verarbeitung achten. Dass ein am Stück geschmiedeter Spaten stabiler ist als einer mit genieteten Verbindungen, liegt auf der Hand. Wie gut man mit seinem Gartenhelfer arbeiten kann, hängt aber auch von seiner **Ergonomie** ab. Gartenscheren gibt es zum Beispiel von einigen Herstellern in verschiedenen Größen oder größenverstellbar. Auch die Form des Griffs ist entscheidend. So kann jeder die Schere finden, die zur Hand passt. Bei Qualitätsprodukten lassen sich Klingen oder Federn einzeln austauschen. Bei Geräten für die Bodenbearbeitung, also Spaten, Hacke oder Grubber, spielt die Länge des Stiels eine Rolle und der Winkel, in dem das Gerät an ihm sitzt. Idealerweise kann man den **Stiel austauschen,** Holzstiele sollten möglichst aus Esche oder ähnlich hartem Holz sein. Viele Geräte gibt es sogar in einer **Linkshänder**-Version.

Wie lange ein Gartengerät hält, kann man selbst beeinflussen. Auch wenn es manchmal Überwindung kostet, nach jedem Einsatz sollte das Werkzeug von grobem Schmutz befreit werden. Mit einem Handfeger ist das schnell erledigt. Zur **Aufbewahrung** eignet sich ein trockener Orte in Gartennähe. Holzgriffe sehen schön aus, sind zwischen Pflanzen und Erde aber kaum wiederzufinden. Buntes Klebeband hilft.

Mit Fremdpower arbeiten

Natürlich verlockt es, sich auf motorbetriebene Werkzeuge zu stürzen. Aber: Die sind nur so lange hilfreich, wie das Kabel lang genug oder der Tank gefüllt ist. Mit Handgeräten arbeitet man leise, was Nachbarn und Tiere im Garten freut, und man spart Energie.

Teilen statt kaufen

Zugegeben: Der Preis für eine gute Gartenschere kann einen schon erschrecken. Manche Geräte sind dafür aber universell einsetzbar: Mit einem Messer ist man für viele Gartensituationen gewappnet. Oder man organisiert einen **»Geräte-Club«** mit Nachbarn und Freunden, also einen Werkzeugpool, den alle nutzen können. So hat jeder Zugriff auf alles, was man zum Gärtnern braucht. Geräte, die man nur selten benötigt — wie Vertikutierer oder Häcksler — kann man bei Gartenbauvereinen oder Baumärkten gegen eine geringe Miete ausleihen.

Unten So sieht ein idealer Platz für Gartengeräte aus: Ein trockener Ort mitten im Garten, an dem alles griffbereit ist.

Die Grundausstattung: Mit diesen Geräten kann man fast alle wichtigen Arbeiten im Garten erledigen. Je besser die Qualität, desto leichter die Arbeit.

Laubrechen

Der »Alles-auf-einen-Haufen-Kehrer« für liegengebliebenes Schnittgut, Herbstlaub oder gemähten Rasen. Besonders gut sind Laubrechen, die sich in der Breite verstellen lassen. So kann man große Flächen, aber auch kleine Ecken oder Räume zwischen Stauden bearbeiten.

Spaten

Der »Buddler« zum Umgraben, Pflanzlöcher ausheben und Stauden teilen. Richtig gute Modelle haben einen Trittschutz, sind aus gehärtetem Metall und schärfen sich beim Arbeiten selbst. Metallstiele sind zwar sehr haltbar, aber oft auch sehr schwer.

Schubkarre

Die »Weg-Wupperin« für alles, was im Garten von A nach B transportiert werden muss. Alu- oder Kunststoffwannen sind stabil, aber nicht zu schwer. Bei einigen Marken können Räder, Griffe und Wannen einzeln ersetzt werden. Inzwischen gibt es Schubkarren in Gelb, Pink und anderen Farben.

Gießkanne

Die »Lebensspenderin« für alles, was Wasser braucht. Metallkannen bringen einen Touch von Landhaus und Good Old Britain in den Garten. Sie sind sehr stabil, allerdings auch etwas schwerer als die Kunststoffmodelle. Die sind zwar weniger edel, aber in vielen verrückten Farben zu bekommen.

Rosenschere

Die »Eine-für-alles«, was vom Blütenstiel bis zum Zweig geschnitten werden muss. Am besten hat man sie immer dabei, denn selbst wenn man nur zum Gucken und Genießen in den Garten geht – irgendwas findet man immer, was mal schnell wegschnitten werden muss.

Grabegabel

»Grab-mich-aus-aber-tu-mir-nicht-weh« – fürs Pflanzen ausgraben, Boden lockern, Löcher ausheben und Stauden teilen. Sie wird leicht mit einer Mistforke verwechselt, hat aber dickere und vorne spitz zulaufende Zähne. Im Vergleich zum Spaten schont sie Wurzeln und Regenwürmer.

Handschaufel

Verleiht **»Maulwurfskräfte«,** wenn man auf kleinem Raum graben will. Zum Beginn der Gartensaison werden sie als Massenartikel angeboten. Von solchen Modellen sollte man aber lieber die Finger lassen. Wichtig ist dickes Metall und ein stabiler Griff.

Handhacke

Die »Grab- und Krümlerin« mit der man vor allem kleine Pflanzen wunderbar setzen kann. Der Aushub wird klein, locker und krümelig – ideal zum Wiederauffüllen des Pflanzlochs. Super, weil man in alle Richtungen buddeln kann, ohne groß umgreifen zu müssen. Auf stabilen Griff achten!

Step-by-Step schlauer gärtnern

Richtig aussäen, schneiden, gießen?

Im Garten gibt es viel zu lernen.

Der beste Tipp für Garten-Starter: Fang einfach an!

Es ist noch kein Gärtnermeister vom Himmel gefallen, so viel steht fest! Also keine Panik, wenn der Garten nach dem ersten Sommer immer noch nicht aussieht wie die Vorzeigeobjekte in Gartenzeitschriften.

»Probieren statt studieren« war nie so wahr wie im Garten

Das Schöne am Gärtnern ist, dass man unglaublich viel ausprobieren kann. Und wenn es schief geht, weiß man, dass man es beim nächsten Mal eben anders macht – auch wenn sich die Chance dafür unter Umständen erst im nächsten Jahr ergibt. Damit man die Ideen vom Vorjahr dann immer noch parat hat, legt man sich am besten ein **Gartentagebuch** an. Dort hält man fest, welche Arbeiten man wie und wann verrichtet hat und wie gut eine Idee funktioniert hat. Am besten lernt man seinen

Garten oder Balkon kennen, wenn man ihn einmal täglich aufmerksam betrachtet. Geht es den Pflanzen gut oder schwächeln sie? Ist mehr Unkraut als Blüten zu sehen? Wie hoch steht der Rasen? Sind die Äpfel reif?

Was im Garten getan werden muss, lässt sich unter folgenden Stichworten zusammenfassen:

- ✪ **Planen und gestalten**, also die Auswahl von Pflanzen und die Einteilung des Gartens in Bereiche wie Sitzplätze, Wege, Rasen und Beete
- ✪ **Düngen** – dazu gehört das Verbessern der Bodenqualität und die Kompostwirtschaft
- ✪ **Aussäen und pflanzen** von Gemüse, Kräutern, Stauden und Gehölzen, aber auch die Vermehrung
- ✪ **Pflanzenschutz**, sowohl vorbeugend als auch im »Ernstfall«, also wenn bereits Schädlinge oder Krankheiten zu sehen sind.

Über all diese Themen sind bereits Bücher geschrieben worden. Oft ist man als Garten-Starter aber überfordert, denn das, was man wissen soll, erscheint schrecklich viel. Dann hilft es, sich darauf zu besinnen, dass man

»Die Knochen schmerzen, aber der Geist entspannt.«

nicht alles gleichzeitig tun und lernen muss. Vielleicht gibt es im Garten bereits ein Beet und man beschäftigt sich erstmal mit den Stauden und Gehölzen, die darin stehen, statt gleich alles neu zu kaufen und zu pflanzen.

Handarbeit ist angesagt

Die meisten Handgriffe im Garten sind leicht zu lernen und werden schnell zur Routine. Für viele gibt es auf den nächsten Seiten **Schritt-für-Schritt-Anleitungen.** Andere erledigt man nebenbei, wie das Herausschneiden von welk gewordenen Blüten. Sommerblumen, viele Rosen, aber auch andere Gehölze wie Schmetterlingsflieder *(Buddleja)* und einige Stauden belohnen dies mit einer zweiten Blühphase. Unkraut kann man beim regelmäßigen Gartenrundgang herauszupfen. So spart man sich einen Großkampftag alle vier Wochen.

Andere Gartenarbeiten sind mühseliger, müssen aber nur alle paar Jahre erledigt werden. So kann man sich das Umgraben sparen, wenn man den Boden dafür mit einer Grabegabel lockert und ihn verbessert (→ **Seite 30**). Wichtig ist, dass man das passende Verhältnis aus Arbeit und Erholung findet. Der eine findet die Entspannung beim Unkrautjäten, der andere beim Sonnenbad.

Rechts Auch im Umgang mit den Gartenwerkzeugen muss man erst einmal eine Routine entwickeln. Muskelkater ist vorprogrammiert, macht aber erstaunlich glücklich.

Neues Leben für den Garten: Stauden und Gehölze pflanzen

»Anfang gut, alles gut«, könnte eine Gärtnerweisheit heißen. Denn für Wachstum und Gesundheit von Gartenpflanzen ist ein guter Start ebenso unerlässlich wie der passende Standort. Für Gartenneulinge sind Pflanzen in Töpfen und Containern (so nennen Gärtner Töpfe, die mehr als zwei Liter Volumen fassen) praktisch, denn man kann sie im Prinzip zu jeder Jahreszeit pflanzen, in der der Boden nicht gefroren ist. Empfindliche Pflanzen wie Lavendel *(Lavandula)*, Herbst-Anemonen *(Anemone hupehensis)* oder Hortensien *(Hydrangea)* überstehen den Winter jedoch besser, wenn man sie im Frühjahr pflanzt, sie bilden dann den Sommer über Wurzeln. Bei Stauden und Gehölzen geht man recht ähnlich vor, lediglich die Dimensionen sind unterschiedlich. Für einen guten Start braucht es:

- ✪ Ein Pflanzloch, wesentlich größer als der Ballen
- ✪ Sand, Kompost, Blumenerde und Hornspäne, die man mit der ausgehobenen Erde mischt
- ✪ Einen mit Wasser gefüllten Eimer; in diesen stellt man die Pflanze, bis der Ballen gut gewässert ist.

- ✪ Etwas Mut, um die Wurzeln senkrecht zu den Topfwänden einzuschneiden. So wird die Pflanze dazu angeregt, neue Wurzelfasern zu bilden.
- ✪ Bei Gehölzen einen Pflock, um die Pflanze festzubinden. So wird sie nicht vom Wind umgedrückt.

Als **Faustregel** gilt: Man setzt die Pflanze ein bis zwei Zentimeter tiefer, als sie im Topf gestanden hat. Bei Rosen und Clematis zum Beispiel ist es wichtig, sie tief zu pflanzen. Einige Stauden wie Pfingstrosen setzt man hingegen hoch, da sie sonst nicht blühen. Welche Pflanze welche Ansprüche hat, kann man beim Einkauf erfragen. Anschließend wird die Erde angedrückt und angegossen. Stauden bekommen je nach Boden etwa fünf bis zehn Liter Wasser. Je schlammiger die Erde beim Wässern wird, desto besser wird sie an die Wurzeln gespült, was für ein gutes Anwachsen wichtig ist.

Bei den **Gehölzen** kann man etwas rigoroser vorgehen. Aus dem sanften Andrücken wird ein Antreten. Dabei läuft man mit Minischritten um die Pflanze. Zum ersten Mal, wenn das Pflanzloch zur Hälfte, ein zweites Mal, wenn es ganz gefüllt ist. Zum Angießen verwendet man

statt der Gießkanne den Gartenschlauch, den man leicht aufdreht und etwa 20 Minuten laufen lässt. Damit ist es jedoch nicht getan! Etwa zweimal die Woche muss kräftig gegossen werden.

Kurz vor Jahresende: Blumenzwiebeln setzen nicht vergessen

Sollen Tulpen, Narzissen und Zierlauch im nächsten Jahr Farbe in den Garten bringen, müssen sie im Herbst gesetzt werden. Von Zwiebeln mit fauligen Stellen lässt man lieber die Finger.

1 Die Vorbereitungen

Du nimmst eine Hand voll Zwiebeln und wirfst sie aufs Beet. Wo sie landen, werden sie gesetzt – so erreichst du eine natürliche Anordnung, die nicht »gekünstelt« wirkt. Eine Ausnahme sind Zwiebelpflanzen, die als Solitär, also alleine wirken sollen. Dazu gehören Kaiserkrone *(Fritillaria imperialis)* und Steppenkerze *(Eremurus)*. Am besten markierst du die Stellen, an denen du die Zwiebeln setzen wirst, mit einem Stab. Sonst kann es passie-

ren, dass du sie wieder ausgräbst, wenn du später im Jahr die nächste Staude setzt. Oder noch schlimmer: Du verletzt sie mit dem Spaten.

2 Das Pflanzloch vorbereiten

Das Loch wird so tief gegraben, dass die Zwiebel später so viel Erde über sich hat, wie sie hoch ist. Eine fünf Zentimeter große Zwiebel braucht also ein zehn Zentimeter tiefes Loch.

3 Die Zwiebeln einsetzen

Nun setzt du die Zwiebeln ins Loch. Wo unten ist, erkennst du an den trockenen Wurzelfäden. Du kannst einzelne Zwiebeln setzen oder kleine Gruppen.

4 Das Pflanzloch schließen

Das Pflanzloch füllst du nun wieder mit krümeliger, lockerer Erde, die du schön fest ins Loch drückst. Angießen ist nicht notwendig. Dank der Niederschläge bis zum Frühling sind die Zwiebeln gut mit Wasser versorgt.

Aus bester Kinderstube: Blumen und Gemüse aussäen

Die Aussaat macht zwar etwas Arbeit, aber mitzuerleben, wie aus kleinen Samen große Pflanzen werden, ist eines der größten Vergnügen im Garten. Tomate, Paprika oder Auberginen, aber auch manche Blumenarten brauchen einige Wochen für die Entwicklung. Man zieht sie deshalb ab Mitte Februar an einem warmen Ort vor. Gemüsepflanzen mit größeren Samen wie Zucchini, Bohnen oder Kürbis sät man Ende April aus. **Frostkeimer** wie Akelei (*Aquilegia*) oder Mohn (*Papaver*) benötigen eine Kühlphase, bevor der Samen keimen kann. Man reserviert einen Platz im Garten für die Aussaat und setzt die jungen Pflänzchen dann an den gewünschten Ort.

1 Das Gefäß vorbereiten

Empfindliche Arten zieht man auf der Fensterbank vor. Dafür füllst du Aussaaterde etwa fünf Zentimeter hoch in ein Gefäß — das kann eine Kiste, ein Topf oder ein Joghurtbecher sein. Überschüssiges Wasser muss abfließen können. Lässt du das Gefäß leicht auf eine feste Unterlage fallen, verteilt sich die Erde gleichmäßig.

2 Die Samen verteilen

Nun werden die Samen möglichst gleichmäßig auf die Erdoberfläche gestreut. Dunkles, feines Saatgut, wie zum Beispiel das von Löwenmäulchen (*Antirrhinum*), kannst du mit feinem Sand gemischt mit einen Salzstreuer verteilen. So siehst du leichter, wo du schon gesät hast.

3 Mit Erde abdecken

Dunkelkeimer werden mit einer feinen Schicht Erde abgedeckt. Es gibt spezielle Erdsiebe, aber das Nudelsieb aus der Küche tut den gleichen Job. Als Faustregel gilt: Je gröber der Samen, desto dicker darf die Abdeckschicht sein. Ob du einen Licht- oder Dunkelkeimer vor

dir hast, steht auf der Samentüte. Bei selbstgeerntetem Saatgut deckst du einfach eine Hälfte der Aussaat ab, die andere lässt du frei. Jetzt muss die Erde noch angedrückt werden, damit die Samen einen guten Bodenkontakt haben. Dafür nimmst du ein kleines Holzbrett und drückst es leicht auf die Erde.

Vorsichtig gießen

Ab jetzt ist es wichtig, dass die Erde immer gut feucht gehalten wird. Bei sehr feinem Saatgut verwendest du am besten eine Sprühflasche, bei größerem eine Gießkanne mit Aufsatz, mit der du schon neben der Schale zu gießen beginnst. So wird verhindert, dass die Erdoberfläche vom ersten, stärkeren Wasserschwall verwühlt wird. Trocknen die Samen aus, nachdem sie mit dem Keimen begonnen haben, ist der Erfolg zunichte. Deckst du das Gefäß mit einer Folie oder Glasscheibe ab, entstehen darunter Gewächshausverhältnisse. Oft kannst du schon nach wenigen Tagen das erste Grün entdecken. Dann ist es Zeit, die Schale an einem helleren und kühleren Ort aufzustellen. Die Keimlinge wachsen sonst zu schnell, werden lang und dünn. Auch wenn du zu dicht gesät hast, werden die Keimlinge wenig standfest. Dann muss man schnell mit dem Pikieren (Vereinzeln) beginnen.

Aussaat Open Air

Wer direkt ins Beet säen will, geht ganz ähnlich vor. Die Erde wird von Unkraut befreit, gelockert und mit dem Finger bohrt man Löcher in den Boden, in die man drei bis vier Samen legt. Bei der Aussaat einzelner Körner liefe man Gefahr, dass ein »taubes Korn« dazwischen ist. Besser ist es, später den ein oder anderen Sämling herauszuziehen und eventuell zu verpflanzen. Für die Aussaat im Freien eignen sich **robuste einjährige Pflanzen** wie Kosmeen (*Cosmea*), Ringelblume (*Calendula officinalis*), Bechermalve (*Lavatera trimestris*) und natürlich Sonnenblumen (*Helianthus annuus*).

Gut ernährt: Mit Verstand düngen und richtig gießen

Ohne Wasser und Nahrung machen nicht nur wir Menschen schlapp. Mit Dünger kann man ausgleichen, was der Boden nicht hergibt. Das klingt einfach. Steht man dann aber im Laden vor dem Düngerregal ist die Verwirrung groß. Fast jede Pflanze soll eine Spezialnahrung bekommen, so scheint es. Im Grunde leben alle Pflanzen von den gleichen Nährstoffen. Daher reicht auch ein einziger **Universaldünger**. Allerdings hilft viel nicht unbedingt viel, sondern kann der Pflanze schaden. Kakteen und Orchideen sind Hungerkünstler, für sie ist die Dosierung, die auf der Packung von Standarddüngern angegeben wird, eindeutig zu hoch. Hier kann man die Konzentration halbieren, um ein Verbrennen der Wurzeln zu vermeiden.

Gießen: in Massen oder in Maßen?

Es ist eine traurige Wahrheit: Oft sterben Pflanzen nicht, weil sie zu wenig, sondern weil sie zu viel gegossen wurden. Eine zu trockene Pflanze erkennt man daran, dass sie sich einige Stunden nach dem Gießen erholt.

Wie viel Wasser Pflanzen brauchen, erkennt man an den Blättern: Große, weiche Blätter verdunsten viel Wasser, Pflanzen mit kleinen, dicken oder behaarten Blättern benötigen weniger. Ein bisschen kann man die Pflanzen auch umgewöhnen: Lässt man sie öfter mal austrocknen, bilden sie härteres Gewebe und wachsen schön kompakt. Das heißt nicht, dass man sie überhaupt nicht gießen soll, aber eben in Maßen. Wer zum Wässern der Pflanzen die **Gießkanne** verwendet, kann ohne großen Aufwand Dünger beimischen oder seine Pflanzen mit

Rechts   Vor dem Gießen prüft man mit dem Finger, wie feucht die Erde ist. Mit der Zeit entwickelt man ein Gefühl dafür, welche Pflanzen wann gegossen werden wollen.

sonnengewärmtem Wasser verwöhnen. Der **Gartenschlauch** erspart das Schleppen schwerer Kannen und ist praktisch, wenn man den Garten durchdringend wässern möchte. Man dreht ihn dafür sanft auf und platziert

»Beim Gießen habe ich Zeit, meine Pflanzen in Ruhe zu betrachten.«

ihn für etwa eine halbe Stunde zwischen den Pflanzen, bevor der nächste Bereich dran ist. Im Winter muss der Schlauch trocken und sauber eingelagert werden. **Automatische Bewässerungsanlagen** sind etwas für Gärtner, die sich für Technik begeistern können oder oft unterwegs sind. Je besser das Modell, desto feiner lässt es sich nach Tageszeit, Temperatur oder Feuchtigkeit der Erde programmieren. Da die Düsen direkt an den Pflanzen platziert werden, kommt man mit weniger Wasser aus als bei den herkömmlichen Methoden.

Tipps zum Gießen

Ich bin dazu übergegangen, meine Pflanzen seltener, dann aber kräftig zu gießen! Der optimale Zeitpunkt für eine kräftige Wassergabe ist, wenn die Pflanze gerade zu schlappen (also zu hängen) beginnt! Dann mache ich die Erde richtig tropfnass. Bei Pflanzen im Übertopf schütte ich Restwasser, das die Erde nach ein paar Stunden noch nicht aufgesogen hat, zurück in die Gießkanne und benutze es beim nächsten Gießen wieder. So sind die Pflanzen lange gut versorgt.

Keine Zeit für Trennungsschmerz: Stauden und Gehölze schneiden

Einmal im Jahr geht es Sträuchern und Stauden an den Kragen — oder besser gesagt: an Stamm und Stängel. Mit dem Rückschnitt hilft man den Pflanzen, stärker, länger und öfter zu blühen, schöner und kräftiger zu wachsen und gesund zu bleiben.

Stauden: Alle guten Dinge sind drei

Das Prinzip für den Rückschnitt von Stauden ist simpel und scheidet dennoch die Geister: Weg muss, was welk und braun geworden ist. Wer seinen Garten unbedingt den Winter über aufgeräumt sehen möchte, kann bereits im Herbst schneiden. Wartet man mit dem Rückschnitt jedoch bis zum **Frühling**, sind 1. die Stängel weicher und lassen sich besser schneiden; 2. ist auf den ersten Blick zu erkennen, was frisch und grün ist und bleiben soll; 3. sind die Pflanzen besser vor Frost geschützt und man kann sich an der bizarren Schönheit von mit Raureif bedeckten Samenständen und Blättern erfreuen. Die Pflanzenreste sind außerdem eine wichtige Nahrungsquelle für kleine Tiere, Vögel und Insekten.

Während des **Sommers** schneidet man Stauden, die sich stark aussäen, die durch den Rückschnitt zu einer zweiten Blüte angeregt werden sollen oder die sonst zu hoch wachsen würden. Remontierende, also zwei- bis mehrmal im Jahr blühende Pflanzen sind Rittersporn

Links   Etwa eine Handbreit über dem Boden schneidet man Stauden zurück, wenn sie wieder neu austreiben sollen. Das Frühjahr ist ein guter Zeitpunkt für diese Arbeit. **Rechts**   Die Blätter des Frauenmantel *(Alchemilla mollis)* werden nach der Blüte unansehnlich. Schneidet man die Staude zurück, treibt sie noch im gleichen Jahr neu aus.

(Delphinium) oder Steppen-Salbei (*Salvia nemorosa*). Man schneidet sie direkt nach der Blüte bodentief ab. Kompakt wachsende Pflanzen erhält man, wenn man die Spitzen der Pflanzen übers Jahr verteilt ab und an herausschneidet. Das funktioniert bei Herbstastern oder Chrysanthemen (*Chrysanthemum*) sehr gut. Den letzten Schnitt macht man im August, wenn sie mit der Blütenbildung beginnen. Die Blütezeit von Flammenblumen (*Phlox*) kann man verlängern, indem man im Juni oder Juli die Hälfte der Triebe köpft. Dann kommen zuerst die ungestutzten Triebe zur Blüte — und die durch das Köpfen gebremsten Triebe verzweigen sich und erblühen, wenn die »normal gewachsenen« gerade verblüht sind.

Runter vom Holzweg: Gehölze schneiden

Etwas anders verhält es sich bei Sträuchern. Man schneidet sie, wenn sie zu groß geworden sind oder von innen kahl werden. Dafür sucht man sich den ältesten oder dicksten Ast oder Zweig und kappt ihn möglichst nah an der Basis. Je nach Größe des Strauchs müssen einer oder mehrere Äste entfernt werden. Die verbliebenen Triebe kürzt man ein. Das führt dazu, dass die jüngeren und vitaleren Triebe stärker austreiben und das Astwerk wieder dicht wird.

Jeder Strauch ist ein Individuum und muss individuell geschnitten werden. Stutzt man ihn mit einer Heckenschere, entsteht ein kahlgeschorenes Etwas, aber kein schön gewachsenes Gehölz. Mit einer Astschere oder einer Handsäge kann man Sträucher gezielt schneiden und ihnen eine natürliche Form geben.

Das Schneiden von Bäumen ist eine Kunst für sich, bei der man sich von einem erfahrenen Gärtner helfen lassen sollte. Viele Baum- und Volkshochschulen bieten spezielle Kurse zu diesem Thema an. Äste und Zweige, die abgestorben oder abgeknickt sind, kann man auf jeden Fall regelmäßig entfernen.

Wunden gibt es immer wieder. Und dann?

Selbst wenn man dicke Äste schneidet und dem Gehölz damit große Wunden zufügt, ist es nicht notwendig — eher sogar schädlich — Wundverschlusspasten aufzutragen. Das Gehölz transportiert nämlich noch eine Weile Saft in den fehlenden Ast. Würde man die offene Stelle verschließen, kann diese Flüssigkeit nicht abtrocknen und das Holz unter dem Verschluss könnte faulen. Stattdessen setzt man den Schnitt so schräg an, dass der Saft abtropfen kann. Mit der Zeit verschließt das Gehölz die Wunde von selbst mit einem rindenartigen Gewebe.

Schön scharf: wichtige Werkzeuge

Diese Geräte habe ich dabei, wenn ich meine Stauden und Gehölze schneide:

→ **Rosenschere:** Die Rosenschere packe ich immer als Erstes ein, wenn ich mich Richtung Garten aufmache. Mit ihr kann ich dicke Büschel, aber auch einzelne Triebe und Blütenstiele schneiden.

→ **Astschere:** Dank der Hebelwirkung der langen Griffe kann ich hiermit auch dicke Äste schneiden. Muss ich in der Höhe arbeiten, kommt die Teleskopschere zum Einsatz.

→ **Handsäge:** Superpraktisch finde ich die kleinen Klappsägen. Mit ihnen kommt man auch zwischen eng wachsende Äste. Und wenn ich sie gerade nicht brauche, verschwindet sie in der Hosentasche.

→ **Laubrechen:** Damit sind kleine Äste, aber auch Laub und welke Stängel schnell zusammengefegt.

→ Mehr über Gartengeräte findest du ab → Seite 34.

Zuviel des Guten? Stützen und Einschränken von Stauden

Je größer die Staude, desto besser der Gärtner? Nicht unbedingt. Einige Arten werden so hoch oder die Blüten so schwer, dass die Stängel abbrechen. Andere vereinnahmen den ganzen Garten für sich, wenn man ihnen keinen Einhalt gebietet.

Gartenstauden Halt geben

Lassen die Lieblingsblumen die Köpfe hängen, kann das unter Umständen daran liegen, dass die Blüten zu schwer sind. Manche wurden so gezüchtet und gefüllte Blüten laufen mitunter mit Regenwasser voll. Man kann diesen Effekt bei Pfingstrosen (Paeonia), manchen Sonnenblumen (Helianthus), Astern oder Chrysanthemen beobachten. Andere Arten wie der Purpur-Sonnenhut (Echinacea purpurea) neigen dazu, sich hinzulegen, sobald die Blüte ihren Zenit überschritten hat. Und das, obwohl die Blüten eigentlich noch länger attraktiv wären. Rittersporn (Delphinium), Raublatt-Astern (Aster novae-angliae), Rutenhirse (Panicum virgatum) und andere Stauden wachsen hoch. Ein leichter Windstoß reicht, um die Stängel abzuknicken. Damit man an diesen Pflanzen länger Freude hat, stützt man sie. Und auch der Anblick von Stauden im Winter lässt sich durch das Zusammenbinden verbessern. Viele Gräser wie Chinaschilf (Miscanthus sinensis) sind selbst dann sehr attraktiv, wenn die oberirdischen Teile abgestorben sind. Schnee würde die Halme zu Boden drücken. Bindet man sie im Herbst an, bleibt ihr Anblick bis zum Frühling attraktiv.

Bei Gräsern bindet man den ganzen Horst mit einer Schnur zusammen. Bei blühenden Stauden mit vielen Stielen kann man ähnlich vorgehen. Unter Umständen nimmt man einen Bambus- oder Metallstab zu Hilfe. Sonst kann es passieren, dass sich der komplette Busch hinlegt. Bei Pflanzen mit großen Blüten lohnt es sich, einzelne Triebe anzubinden und so die einzelnen Blüten in Szene zu setzen. Staudenstützen aus Metall oder Holz gibt es zu kaufen. Diese stellt man schon recht früh im Jahr an die Stauden und muss dann nur noch die außerhalb wachsenden Triebe in die richtige Bahn lenken. Eine Staudenstütze kann man aber auch leicht selbst bauen. Dafür benötigt man zwei Bambusstäbe oder gerade gewachsene Ruten von Haselnuss oder Weide. Diese drückt man schräg neben der Staude in den Boden, sodass sie sich kreuzen. Verwendet man Weidenruten, kann es sein, dass sie Wurzeln bilden und Blätter treiben – ein dekorativer Nebeneffekt.

Gartenstauden einschränken

Minzen sind für ihren nicht zu bremsenden Ausbreitungsdrang berühmt, einige Bambusarten für diese Eigenschaft berüchtigt. Diese Eigenschaft teilen sie mit vielen anderen Pflanzen. Was als Topfpflanze noch niedlich aussah, kann im Garten Dschungel-Dimensionen annehmen. Ein Indiz, dass man eine solche Pflanze in der Hand hält, sind zahlreiche am Topfrand gedrängt stehende Triebe oder viele Ausläufer, im Vergleich zu den restlichen Wurzeln recht dick und fleischig.

»Lässt die Lieblingsblume den Kopf hängen, kann man mit Schnur und Stäben Abhilfe schaffen.«

Solche Pflanzen kann man mit einer Rhizomsperre im Zaum halten. Bei kleineren Pflanzen reicht es, bei einem Plastikeimer den Boden zu entfernen und die entstandene Röhre so tief in das Pflanzloch zu setzen, dass ein wenige Zentimeter hoher Rand über den Erdboden ragt. Den Innenraum füllt man wieder mit Erde und setzt die Pflanze hinein. Der Eimer stellt eine unüberwindbare Barriere für die Ausläufer dar und das Gewächs bleibt, wo man es haben möchte. Bei anderen Pflanzen muss man im wahrsten Sinne des Wortes zu härteren Mitteln

greifen. Zu ihnen zählen insbesondere der Bambus, von dem sich vor allem die Gattung *Phyllostachys* als unkontrollierbarer Wucherer erweist. Eine Wurzelsperre für solche Pflanzen sollte mindestens einen Meter in den Boden reichen und aus dem Fachgeschäft stammen. Selbst Teichfolie oder Betonringe sind für die Pflanzen kein Hindernis. Glücklicherweise gibt es Bambusarten wie *Fargesia*, die hoch, aber eben nicht breit wachsen.

Links Zum Anbinden wählt man eine breite Schnur in Grün- oder Brauntönen. Andere Farben würden den Anblick der Staude stören.

Unten Zwei Stäbe ins Erdreich gesteckt, sind eine günstige Version der Staudenstütze. Es eignet sich Bambus, aber auch Haselnuss oder Weide.

Kletterpflanzen: gut gestützt in schwindelnde Höhen

Wenn graue Mauern grün werden und der Nachbarbalkon aus dem Blickfeld verschwindet, haben Kletterpflanzen ganze Arbeit geleistet. Zu dieser Gruppe gehören Stauden wie Hopfen *(Humulus lupulus)* und Wicken *(Lathyrus)*, Gehölze wie Kletterhortensie *(Hydrangea anomala)* und Efeu, Einjährige wie Prunkwinde *(Ipomoea)* und Schwarzäugige Susanne *(Thunbergia alata)*, aber auch Gemüse wie Gurken oder Stangenbohnen. Alle bedienen sich ausgefeilter Strategien, um hoch hinaus zu gelangen. Es ist gut, diese zu kennen, denn selbst der aktivste Kletterer ist für Unterstützung dankbar.

Halt durch Wurzeln und Ranken

Kletterhortensien *(Hydrangea anomala),* die dreilappige Form des Wilden Weins *(Parthenocissus tricuspidata)* oder die aus dem Sommerurlaub bekannte Klettertrompete *(Campsis)* sind **Selbstklimmer**. Sie können ohne Hilfe an Baumstämmen, Ranksäulen und selbst glatten Mauern hinaufwachsen. Dafür bildet der Wilde Wein Haftranken aus, Kletterhortensie und Klettertrompete spezielle Haftwurzeln. Weil sie keine Rankhilfe benötigen, sind Selbstklimmer praktisch, wenn man eine vorhandene Struktur, etwa eine Hauswand oder eine Mauer, begrünen möchte. Allerdings muss man sie regelmäßig aus Ritzen und Zwischenräumen entfernen, weil das Bauwerk sonst Schaden nehmen kann. Andere Kletterpflanzen bilden **Ranken**, mit denen sie sich an allem festhal-

Oben Wunderwerk der Natur I: Der Wilde Wein bildet Haftorgane mit denen er sich selbst an glatten Wänden und Glasflächen verankern kann.

Unten Wunderwerk der Natur II: Haben Blattranken einen Gegenstand erspürt, winden sie sich um ihn. So findet die Kletterpflanze bei ihrem Weg Richtung Sonne Halt.

ten, was ihnen in die Quere kommt. Clematis, Gurken oder Wicken gehören zu dieser Gruppe.

> **»Kletterpflanzen sind Strategen. Wenn man ihren Plan kennt, wird es eine Freundschaft fürs Leben.«**

Stoßen die Ranken auf Widerstand, ziehen sie sich zu einem Kringel zusammen und befestigen die Triebe auf diese Weise. Mit solchen Kletterpflanzen berankt man schnell Zäune oder Geländer. Diese sollten aber nicht zu dick sein. Sonst haben die Ranken Schwierigkeiten, sich festzuhalten. Wieder andere Pflanzen winden ihren Haupttrieb um einen Gegenstand, der sich als Rankhilfe anbietet. Dafür richtet der Trieb sich auf und kreist so lange in winzigen Bewegungen, bis er Halt findet, dann wickelt er sich spiralig am Gegenstand nach oben. Zur Gruppe dieser **Schlingpflanzen** gehören Blauregen *(Wisteria)*, aber auch Bohnen und Prunkwinde.

Ideen rund um Kletterpflanzen

Als Rankhilfe kann man Schnüre und Drähte, aber auch Lattenkonstruktionen oder Metallstäbe verwenden. Wichtig ist, dass sie das Gewicht der Pflanze halten können. Für Einjährige oder Kletterpflanzen, die im Winter zurückfrieren, haben sich Schnur, Draht oder Bambusstäbe als Rankhilfe bewährt. Die Schnüre entsorgt man im Herbst mit den abgestorbenen oberirdischen Pflanzenteilen, Drähte zieht man einfach aus dem Rankengewirr und lagert sie bis zum nächsten Jahr an einem geschützten Ort. Für verholzende Pflanzen wie Geißblatt oder Blauregen muss man zu stabileren Konstruktionen greifen.

Rechts Stangenbohnen können bis zu vier Meter hoch werden. Sie bringen Sichtschutz und reiche Ernte und können sogar im Kübel auf dem Balkon gezogen werden.

Aufgepasst und eingepackt: Was tun, wenn der Winter kommt?

Eisblumen statt bunter Blüten, Lust auf Sofa statt auf Liegestuhl und Zitrusfrüchte statt eigener Ernte: der Winter ist da … Pflanzen, die aus wärmeren Erdteilen mit milderen Wintern stammen, brauchen jetzt Hilfe. Das gilt aber auch für solche, die eigentlich winterhart, aber als Kübelpflanze empfindlicher sind.

Gut vorgesorgt: Knollenpflanzen

Zwiebel- und Knollenpflanzen haben alles, was sie für ein gesundes neues Gartenjahr benötigen in ihren fleischigen Organen gespeichert. Knollenpflanzen wie Gladiolen oder Dahlien überstehen den Winter am besten, wenn man möglichst viel Erde, die beim Ausgraben noch an den Wurzeln haftet, daran lässt. Die Erde bildet einen natürlichen Verdunstungsschutz und die Knollen

trocknen nicht aus. Wer ganz sicher gehen will, legt sie in eine mit Sand gefüllte Kiste und stellt diese an einen kühlen, nicht zu feuchten Ort.

Ohne Blätter durch den Winter

Pflanzen aus Regionen ohne Frost und die im Winter ihre Blätter verlieren, lagert man am besten bei acht bis zehn Grad in einem Raum, der lichtarm bis dunkel sein kann. Obwohl sie dadurch in eine Art Winterruhe fallen, sollte man bei Topfpflanzen alle ein bis zwei Wochen kontrollieren, ob die Erde noch leicht feucht ist. Fühlen sich die oberen drei Zentimeter trocken an, gießt man vorsichtig. Gedüngt wird erst wieder im Frühjahr. Sobald

Unten Mit Sand und Zeitung kann man Dahlienknollen ein Bett für den Winterschlaf bereiten. Es reicht aber auch, möglichst viel Erde daran zu lassen.

die Tage wärmer werden, stellt man die Pflanzen zum Abhärten ins Freie und holt sie abends wieder zurück an den frostfreien Ort im oder am Haus.

Immergrüne im Winter pflegen

Pflanzen, die ihr Laub das ganze Jahr behalten, benötigen auch im Winter Licht. Für sie ist ein ungeheiztes oder möglichst kühles Zimmer oder ein Treppenhaus als Winterquartier geeignet, wo man sie möglichst nah ans Fenster stellt. Da sie bei den kühlen Temperaturen weniger Wasser verdunsten als im Sommer, gießt man sie regelmäßig, aber weniger zurückhaltend als die laubabwerfenden Kellerkinder. Sind die Kübel zu schwer oder die

»Herbstlaub ist kein Abfall sondern der beste Winterschutz.«

Pflanzen nur nicht winterhart, weil sie für Balkon oder Terrasse in einen Topf gepflanzt wurden, kann man sie auch mit Noppenfolie und Bambusmatten vor der Kälte schützen. So eingewickelt rückt man sie möglichst an einen schattigen Platz nahe einer Hauswand oder einer Mauer. Die Pflanzen müssen auch und gerade im Winter gegossen werden, da die Wurzeln sonst vertrocknen würden. Woran liegt das? Das Wasser aus Niederschlägen liegt im Boden dann in gefrorener Form vor und kann von den Pflanzen nicht aufgenommen werden. Gleichzeitig verdunsten sie aber über die Blattoberflächen Wasser. Gleiches gilt auch für Immergrüne.

Outdoortauglich, aber schutzbedürftig

Einige Stauden wie Herbstanemonen (*Anemone hupehensis*) oder Japanisches Blutgras (*Imperata cylindrica*) kann man zwar im Beet lassen, man sollte ihnen jedoch einen Winterschutz geben. Sie kommen aus Regionen, in denen die Winter geringfügig milder sind als bei uns.

Eine dicke Schneedecke wäre optimal. Da es diese bei uns jedoch nicht durchgehend gibt, muss der Mensch für Abhilfe sorgen. Dafür eignet sich Fichtenreisig, von dem man einige Zweige etwa 15 bis 20 Zentimeter hoch auf der Staude stapelt. Wer ganz sicher gehen will, dass sein wertvoller Pflanzenschatz gut über den Winter kommt, füllt anschließend eine etwa zehn Zentimeter dicke Laubschicht auf die Fichtenzweige. Die Laubschicht isoliert und hält die größte Kälte ab, das Fichtenreisig ermöglicht die Zirkulation der Luft, sodass die Pflanze nicht zu faulen beginnt. Laub leistet im Winter nicht nur für die Pflanzen gute Dienste. Zu Haufen aufgeschüttet dient es Igeln oder Mäusen als Unterschlupf für den Winterschlaf.

Unten Dahlien blühen oft bis zum ersten Frost. Danach ist das Laub schlapp und die Knollen müssen aus der Erde geholt werden. Man lagert sie trocken und kühl.

Unkraut: Beauty oder Biest?

Ob man es Jäten, Häckeln, Zupfen oder Krauten

nennt: Dass der Job getan werden muss, ist

keine Frage. Wie viel Zeit man damit verbringt, schon …

Wer ist hier der Gute, wer der Böse? Diese Frage beschäftigt fast jeden Garten-Starter. Denn nach der ersten Freude, dass es im eigenen Beet so fleißig sprießt, macht sich Misstrauen breit: Sind das wirklich die Löwenmäulchen, die man ausgesät hat — oder klaut da ein unerwünschtes Pflänzchen dem, das keimen soll, wertvolles Licht, Wasser und Nährstoffe?

Was in deinem Garten Unkraut ist, entscheidest allein du!

Oder anders gesagt: Jede Pflanze hat einen Nutzen und damit eine Daseinsberechtigung. Sie wird erst dann zum Unkraut, wenn sie an einem Ort wächst, wo der Gartenbesitzer sie nicht haben möchte. Einige Pflanzen machen sich in der Tat sehr unbeliebt. Dazu gehören das Franzosenkraut, das Unmengen von Samen verschleu-

dert, die Vogelmiere, die ein undurchdringbares Blätterpolster bildet, oder der Giersch, der es sich dank seines extrem verzweigten Wurzelwerks mit Generationen von Gärtnern verscherzt hat.

Klein, aber verräterisch

Natürlich ist es nicht schön, wenn der Giersch und seine Genossen dort die Herrschaft übernehmen, wo eigentlich Rosen und Radieschen sprießen sollen. Einige der in Verruf geratenen Pflanzen lassen aber wertvolle Rückschlüsse auf Bodenbeschaffenheit und Lichtverhältnisse im Garten zu. Man nennt sie Zeigerpflanzen und sie erleichtern dem Gartenbesitzer die Auswahl der Stauden oder der Gemüsearten für den Standort. So zeigt ein üppiges Gedeihen von Brennnessel, Vogelmiere oder Hahnenfuß einen stickstoffreichen, fetten Boden an. Hier macht es keinen Sinn, einen Steingarten oder ein Alpinum anzulegen. Besonders lästig kann der Ackerschachtelhalm sein. Seine Wurzeln reichen sehr weit in den Boden und jeder Jäteversuch ist durch seine »Sollbruchstellen«, die Knoten des Stängels knapp über dem Boden, zum Scheitern verurteilt. Wo er wächst, kann man sicher sein, dass der Boden niemals trocken wird. Er ist eine Zeigerpflanze für Staunässe. Vielen Gartenbesitzern sind auch Breitwegerich, Kriechender Hahnenfuß oder Quecke wohlbekannt. Stellen, an denen sie vermehrt auftreten, haben einen verdichteten Boden.

Dekorativ und nützlich

Zudem sind einige als Unkraut verschriene Pflanzen eine wichtige Nahrungsquelle für Tiere. Insbesondere Insekten sind oft auf bestimmte Pflanzen angewiesen. So ernährt sich das immer seltener werdende Tagpfauenauge ausschließlich von Brennnesseln, während die bizarr grün-orange gefärbten Raupen vom Schwalbenschwanz nur auf bestimmten Doldenblütern überleben können.

Dass ein englischer Rasen viel her macht, ist unbestritten. Aber als Garten-Starter hat man genug andere Dinge, um die man sich kümmern muss. Warum also nicht das Gänseblümchen und seine »Unkraut«-Kollegen den Rasen dekorieren lassen? Zumal seine weißen Miniblüten eine nette essbare Dekoration für Salate und andere Sommerspeisen sind. Mit den frischen Trieben des Giersches kann man Nudelsaucen und Salate um eine nussige Note bereichern und getrocknete Brennnesseln ergeben einen sehr bekömmlichen und gesunden Tee. Überlässt man diesen Pflanzen einen versteckt liegenden Teil des Gartens, schadet das dem Menschen nicht und es nützt der Natur.

Rechts Die frischen Blätter des Löwenzahns ergeben einen leckeren Salat. Pflückt man die Blüten, bevor sie Pusteblumen werden, breitet er sich nicht allzu stark aus.

Unkraut im
Jugendstadium und
als ausgewachsene
Pflanze: Denn
Unkraut erkennen
ist gut – es
möglichst früh
zu erkennen
ist besser!

Franzosenkraut, alt

Erkennen: Hat unzählige kleine weiße Blüten. Jäten, bevor diese sich aussamen. Blühende Pflanzen nicht auf den Kompost werfen.
Positiver Nebeneffekt: Zeigerpflanze für nährstoffreichen, humosen Boden. Junge Blätter kann man als Salat essen.

Giersch, jung

Erkennen: Zusammengeklappte, gezahnte Blätter und ein unglaublich robustes und verweigtes Wurzelnetz. Regelmäßiges Abmähen schwächt die Pflanze.
Von 0 auf 100 cm in: In einem Jahr breitet sich das Wurzelsystem einen Meter aus.

Giersch, alt

Erkennen: Handtellergroße glatte Blätter, aus drei Einzelblättern zusammengesetzt. Jäten schwierig, mit Bodendeckern verdrängen.
Positiver Nebeneffekt: Unglaublich Vitamin-C-haltig. Junge Blätter gedünstet als Gemüse essen. Schöne weiße Blüten.

Franzosenkraut, jung

Erkennen: Gegenständige und leicht gezahnte glatte Blätter. Schon im frühen Frühjahr bilden sich dichte Sämlingsbestände.
Von 0 auf 50 cm in: 14 Tagen. Die Sämlinge blühen oft schon im selben Jahr wieder, manchmal sogar drei Generationen lang.

Brennnessel, jung

Erkennen: Blätter ähneln der ausgewachsenen Pflanze, nur runder. Keinesfalls weniger brennend als großes Laub.
Von 0 auf 100 cm in: 14 Tagen. Nicht nur die Pflanzen wachsen im Nu, auch das Wurzelnetz wird sehr schnell sehr breit.

Melde, alt

Erkennen: Hellgrün-graue Farbe, gefurchter Stängel und knubbelige Samenstände.
Positiver Nebeneffekt: Zeigerpflanze für stickstoff- und kaliumreiche Böden. Kleine Blätter roh als Salat essen, größere wie Spinat dünsten und zubereiten.

Melde, jung

Erkennen: Kleine glänzende Punkte auf der Blattoberfläche. Hat schon als kleine Pflanze ein sehr tiefes Wurzelsystem.
Von 0 auf 50 cm in: 4 Wochen. Ältere Pflanzen haben den weiß glänzende Belag auf den jüngeren Blättern.

Brennnessel, alt

Erkennen: Spätestens beim Berühren eindeutig zu identifizieren.
Positiver Nebeneffekt: Zeigerpflanze für nährstoffreichen, humosen Boden. Junge Blätter kann man als Salat oder gedünstet essen oder Tee daraus zubereiten.

Handliche Helfer: dem Unkraut Herr werden

Ob spezialisierter Pflanzensammler oder Garten-Starter, auf dem eigenen Grün sollen die Gewächse gedeihen, die man sich wünscht. Was sich ungefragt ansiedelt, kann man erst einmal prüfen — vielleicht macht es sich zwischen Radieschen und Rosen ganz gut? Passen Neuankömmling und eigene Ideen jedoch so gar nicht zueinander, muss man getrennte Wege gehen: der Gartenbesitzer den zu Hacke und Handschaufel, das Unkraut den in Richtung Kompost. Diese Geräte machen die Trennung leichter:

1   Die Hand

Sie ist immer parat, unglaublich vielseitig einsetzbar und kann alles, was Geräte nur begrenzt können. Wie mit keinem anderen Werkzeug kannst du mit ihr:

- ✪ einzelne kleinere Unkräuter greifen, sie aus dem Boden holen und in den Eimer werfen
- ✪ fest eingewachsene Gehölzsämlinge aus der Erde reißen und in die Schubkarre schmeißen
- ✪ Steine aus dem Boden holen und an anderer Stelle zu dekorativen Haufen stapeln
- ✪ Regenwürmer retten
- ✪ in den Weg hängende Pflanzen hochheben, um darunter nach dem rechten zu sehen

Wenn die Kraft in den Armen nicht ausreicht, hilfst du mit den vorgestellten Geräten nach. Fest steht aber: Unkraut jäten ist und bleibt Handarbeit.

2   Die Hacke

Mit ihr bist du vor allem auf frisch bepflanzten Flächen gut beraten, wo noch Erde zu sehen ist. Auch im Gemüsegarten, wo alles ordentlich in Reih und Glied steht, ist sie sehr praktisch. Die Unterkante der Hacke ist scharf, das Unkraut wird an der Basis abgeschnitten. Pflanzen wie Löwenzahn, die aus der Wurzel wieder austreiben können, erwischst du so zwar nicht, aber den meisten Unkräutern machst du damit den Garaus. Positiver Nebeneffekt: Der Boden wird gelockert, an die Wurzeln kommt Luft und die Wunschpflanzen wachsen besser. Durch den langen Stiel (er sollte mindestens bis zum Kinn reichen) bleibt der Rücken aufrecht und damit schmerzfrei. Ganz vorsichtig hacken solltest du bei eng bepflanzten Beeten oder an Stellen, wo du Bodendecker gepflanzt hast. Bei stark durchwurzelten oder steinigen Böden kann das Hacken sehr anstrengend werden — da ist Sportsgeist gefragt. Außerdem wird die Klinge durch Wurzelfilz, Kies oder Steine schnell stumpf.

3   Der Unkrautstecher

Er ist hervorragend geeignet, wenn du Unkräuter wie Wegwarte oder Löwenzahn vollständig loswerden willst — denn die haben Pfahlwurzeln, also solche, die sehr tief in den Boden ragen. Mit dem Unkrautstecher kannst du diese komplett aus dem Boden holen — selbst kleine Reststücke würden wieder neu austreiben. Durch die schmale Form kannst du damit in dicht bepflanzten Beeten arbeiten. Ist gerade kein Unkraut in Sicht, kannst du ihn als Handschaufel zweckentfremden und damit kleinere Stauden pflanzen oder Zwiebeln setzen.

4   Der Fugenkratzer

Er ist als »Wappentier« von Oberspießern und kleingeistigen Schrebergärtnern verschrien, aber ist eben unschlagbar praktisch, wenn du Pflasterfugen von Unkraut befreien möchtest. Jätest du dort nur mit der Hand, erwischst du meist nur den oberirdischen Teil der Pflanze. Das, was sie zum Nachwachsen benötigt, bleibt in der Fuge — und in wenigen Wochen sprießt es dort wieder ungebremst. Willst du das Gerät partout nicht in deinen Gärtnerhaushalt lassen, kannst du stattdessen ein Messer nehmen. Dann musst du aber damit leben, dass es sehr schnell stumpf wird. Alternativ bepflanzt du die Fugen mit kriechenden Thymiansorten.

5 Die Zeitung

Erstaunlich, was man mit Altpapier erreichen kann! Aus ein paar Lagen Zeitungsbögen wird ruckzuck ein Unkraut-Unterdrücker. Dafür legst du Flächen mit dem Papier aus und befestigst es mit Steinen. Die Unkräuter darunter werden durch den Mangel an Licht und Luft nach etwa einer Woche gelb-weich und damit lichtempfindlich. Kommen dann ein paar sonnige Tage, nimmst du die Zeitung ab. Die Pflanzen sind die Sonne nicht mehr gewöhnt und verbrennen. Hast du diesen Vorgang zwei- bis dreimal wiederholt, ist auch dem hartnäckigsten Unkraut die Lust vergangen, weiterzuwachsen.

Die Methode funktioniert übrigens auch mit dunkler Folie. Sie ist wunderbar geeignet für größere Rasenflächen, in denen sich Unkraut breit gemacht hat. Die abgestorbenen Wurzeln hinterlassen Hohlräume, was für den Wasserhaushalt des Bodens gut ist.

6 So bitte nicht!

Auch wenn es verlockend einfach erscheint, Unkraut einfach wegzuspritzen – chemische Mittel solltest du ignorieren. Sie reichern sich im Boden an und gelangen über das Grundwasser oder die Gemüseernte in den menschlichen Körper. Essig oder Salzwasser wird oft als biologische Alternative angepriesen. Allerdings ist der Einsatz für Privatgärtner nicht erlaubt, da sich die Stoffe im Boden nicht abbauen, ins Grundwasser gelangen und für Probleme in Kläranlagen sorgen.

Etwas aufwendig, aber biologisch unbedenklich ist die Bekämpfung mit heißem Wasser. Dafür kannst du das Wasser vom Nudeln- oder Kartoffelkochen nehmen und es an die entsprechende Stelle schütten. Die Methode ist vor allem bei kleineren Flächen oder einzelnen Pflanzen erfolgreich. Größere Pflanzen musst du eventuell mehrmals mit dem heißen Wasser überbrühen.

Raus damit! Die besten Ideen gegen Unkraut

Selbst Hobbygärtner, die im Unkraut jäten einen meditativen Ausgleich zum Alltag sehen, wollen sich nicht den ganzen Tag damit beschäftigen. Schließlich gibt es im Garten mehr als genug anderes zu tun. Am besten, man lässt dem Unkraut keine Chance, die Beete zu überwuchern. Wo sich im frühen Frühjahr auf der sonst noch nackten Erde schon Massen von Sämlingen zeigen, ist Misstrauen angesagt. Hier macht sich ein ungebetener Gast breit. Unkraut, das sich durch Samen ausbreitet, jätet man, bevor es zu blühen beginnt.

> »Am besten, man lässt dem Unkraut keine Chance, die Blumenbeete zu überwuchern.«

Und damit sich Unkraut gar nicht erst ausbreiten kann, plant man die Beete so, dass den Sommer über möglichst wenig Boden unbedeckt bleibt. Sogar Giersch-Teppichen kann man damit Herr werden. Freie Stellen bedeckt man mit Laub, Rasenschnitt, Beinwell- oder Brennnesselblättern. So kann sich kein Unkraut ansiedeln.

Nach einiger Zeit weiß man, ob das Unkraut zupfen, hacken oder jäten bei trockenem oder feuchten Boden leichter geht. Ist absehbar, dass die nächsten Tage kein Regen fällt, kann man das Unkraut im Beet liegen lassen. Es vertrocknet und dient als Dünger. Bei feuchtem Wetter sammelt man das Unkraut besser ein und entsorgt es auf dem Kompost. Es kann sonst passieren, dass es sich wieder bewurzelt und anwächst.

Rechts Im dicht bepflanzten Staudenbeet hat das Unkraut weniger Chancen, sich anzusiedeln. Hier entfernst du es am besten mit der Hand oder dem Unkrautstecher.

Oh weh! Läuse, Pilze, Viren

Wer oder was hat sich auf meiner Pflanze breit

gemacht? Und was soll ich jetzt tun? Als erstes

Ruhe bewahren! Dann die Pflanzen stärken und schützen.

Die Konkurrenz schläft nicht! Und zwar nie … Das wird manchem Garten-Starter schmerzlich bewusst, wenn Blattläuse, Raupen und Wühlmäuse, aber auch Pilze und Bakterien sich über mühsam gezogenes Gemüse und leuchtende Blüten im Staudenbeet hermachen. »Artenvielfalt gut und schön, aber wenn die so aussieht, dann bitte nicht in meinem Garten«, verzweifelt der Gärtner.

Schädlinge und Krankheiten gehen nur zu schwachen Pflanzen

Der beste Pflanzenschützer ist also der Gärtner, der

- ✪ Pflanzen an den optimalen Standort setzt
- ✪ im Garten Platz für Nützlinge schafft (→ **Seite 122**)
- ✪ krankheitsresistente Arten und Sorten wählt
- ✪ Pflanzen mit selbst angesetzten Brühen und Jauchen stärkt (→ **Seite 116**)

- ✪ Qualität kauft
- ✪ Werkzeug regelmäßig reinigt und desinfiziert
- ✪ auf gute Nachbarschaft setzt (→ **Seite 112**)

Doch selbst erfahrenste Gärtner müssen damit leben, dass ihr sorgsam gepflegtes Grün von Blattlauskolonien überzogen oder von Schnecken in Rekordgeschwindigkeit vertilgt wird. Und dann? Ist Toleranz gefragt. Ein paar Schädlinge machen der Pflanze weniger zu schaffen, als dem ästhetisch empfindsamen Besitzer. Zu viel ist jedoch ungesund, selbst für die robusteste Pflanze.

- ✪ **Blattläuse** vermehren sich explosionsartig. Sind es wenige Tiere, hilft das Abstreifen mit den Fingern. Sonst behandelt man die Pflanzen mit biologischen Mitteln oder Nützlingen. Blattläuse sitzen gerne an den jungen Trieben — schneidet man sie, wächst die Pflanze buschig und fast schädlingsfrei weiter.

✪ Sind **Bakterien** am Werk, führt das zu fleckigen, oft faulenden Blättern oder absterbenden Trieben.

✪ **Viren** verursachen einen krüppeligen Wuchs und scharf abgegrenzte Blattverfärbungen. Gegen beide kann man nur vorbeugend handeln. Ist die Pflanze einmal befallen, wird sie den Virus nicht mehr los, kann aber viele Jahre leben. Mit Viren befallene Pflanzen entsorgt man nicht im garteneigenen Kompost. Denn die Schadorganismen fänden sofort ihr nächstes Opfer.

✪ Runde Fraßstellen an den Blatträndern von Rhododendren oder Bergenien verursacht der **Dickmaulrüssler**. Den Käfer selbst bekommt man kaum zu sehen. Er ist nachtaktiv. Großen Schaden verursachen die Larven. Sie fressen die Wurzeln ab und die Pflanze geht ein. Wer sie bekämpfen möchte, besorgt sich Nematoden und bringt sie mit dem Gießwasser aus. Wie im besten Horrorstreifen parasitieren sie die Larven und fressen sie von innen auf.

✪ Aber auch im Imperium der **Pilze** gibt es Kandidaten, die es auf Gartenpflanzen abgesehen haben. Am bekanntesten und leichtesten zu erkennen ist wahrscheinlich der Mehltau. **Echter Mehltau** ist zuerst auf der Blattoberfläche zu sehen. Feuchtes Wetter an warmen Tagen begünstigt ihn. Befällt er Stauden schon im Frühsommer, lohnt es sich, sie zurückzuschneiden. **Falschen Mehltau** erkennt man ebenfalls an einem weißen bis rötlich-violetten Pelz auf dem Blatt, während die Unterseite des Blattes mit grauem, schimmelähnlichem Belag überzogen ist. Er tritt in feuchten, aber kühlen Phasen auf.

✪ Über das Thema Pflanzenschäden und was man gegen sie tun kann werden nicht umsonst ganze Bücher geschrieben. Internetseiten zur Bestimmung von Schädlingen und Behandlung von Krankheiten gibt es auf ➜ Seite 164.

Links Spinnmilben mögen warme, zugige Standorte. Hohe Luftfeuchtigkeit durch einsprühen oder einpacken in eine Tüte können den Befall eindämmen.

Rechts Gegen Schnecken hilft Absammeln oder die biologische Version des Schneckenkorn, in Maßen verwendet. Laufenten sind nur etwas für große Gärten.

Gartenarbeit: Stress oder Spaß?

Wieviel Zeit brauche ich für meinen Garten? Eine pauschale Antwort kann man auf diese Frage nicht geben. Den Aufwand grob einschätzen schon …

Im Garten gibt es immer etwas zu tun. Was für die einen wie eine Verheißung klingt, dröhnt den anderen wie ein Fluch in den Ohren. Garten macht Arbeit, da gibt es kein Drumherumreden. Schließlich übernimmt man die Verantwortung für ein Stück Erde und alle Wesen, die dort leben. Oft schmerzen am Ende die Knochen. Und trotzdem fühlt man sich entspannter, als nach einem Acht-Stunden-Tag im ergonomisch geformten Bürostuhl.

Vieles im Garten ist eine Frage der Einstellung

Wer botanisch interessiert ist, wird wahrscheinlich mehr Zeit damit verbringen, Beete anzulegen und zu gestalten als jemand, der einen erholsamen Ort wünscht, an dem er den Liegestuhl aufstellen kann. Generell gilt: Sich lieber weniger vornehmen und dafür zufriedener sein,

wenn man mit dem Geplanten fertig ist. Manche Arbeiten wie das Herausschneiden von welken Blüten, Unkrautzupfen oder Anbinden von hochgewachsenen Stauden kann man spontan auf die Schnelle erledigen. Für anderes, wie das Zurückschneiden von Sträuchern oder die Umgestaltung eines Beetes, braucht man entsprechendes Gerät und mehr Zeit. Für solche Dinge plant man am besten einen Gartentag ein.

Da die Natur nicht nach festen Regeln funktioniert, ist es schwer, pauschal festzulegen, was wann getan werden muss. Je nach Temperaturen darf man früher oder muss man später mit gewissen Arbeiten beginnen. Als Orientierung kann jedoch man sagen:

✪ **Täglich** gönnt man sich idealerweise einen Gang durch den Garten. Die Dosis frische Luft macht aktiv und hält gesund — und ganz nebenbei kann man gießen, die Pflanzen auf Schädlinge und Krankheiten prüfen, vollgeregnete Untersetzer ausleeren, umgekippte Töpfe wieder aufstellen, Kletterpflanzen den rechten Weg weisen, Stauden anbinden oder Stützen aufrichten, denen Wind oder Regen übel mitgespielt haben. Hat man Pflanzen ausgesät, sollte man kontrollieren, ob die Erde noch feucht ist

✪ **Einmal in der Woche** düngt man stark wachsende Topfpflanzen, entfernt Verblühtes und gelbe Blätter, erntet reifes Obst und Gemüse. Auch der Rasen sollte jetzt wieder gemäht und je nach Wetter gewässert werden. Je regelmäßiger man Unkraut jätet, desto schwächer wächst es nach. Einmal pro Woche ist daher ein sinnvolles Intervall.

✪ **Jeden Monat** prüft man im Staudenbeet, welche Pflanzen stark oder kümmerlich wachsen und wo noch etwas nachgepflanzt werden sollte.

Unten Vieles, was im Garten zu tun ist, lässt sich nebenbei erledigen und ist weniger anstrengend als man denkt. Beim täglichen Rundgang plant man die nächsten Tage.

✪ **Einmal pro Jahr** bekommen Topfpflanzen ein größeres Gefäß. Überalterte Stauden nimmt man aus dem Boden und teilt sie. Außerdem muss der Kompost umgesetzt und Dünger im Garten verteilt werden. Und natürlich wird jedes Frühjahr wieder der Nachwuchs für Beete und Kübel ausgesät. Die meisten Gehölze schneidet man einmal im Jahr.

Natürlich fallen nicht alle Gartenarbeiten im selben Zeitraum an. Die Liste ist aber eine gute erste Orientierung.

Gärtnern für ganz Faule

Startet man von Null, kann man seinen Garten sogar so anlegen, dass man nur alle fünf bis sechs Jahre richtig Zeit investieren muss. Was ist das Geheimnis solcher Pflanzungen, die man zum Beispiel von Verkehrsinseln kennt?

Es sind Mischungen aus anspruchslosen, aber blühfreudigen Stauden, die …

→ im ersten Jahr etwas mehr Pflege brauchen
→ danach nur etwa viermal im Jahr gepflegt werden müssen
→ zu jeder Jahreszeit anders reizvoll sind
→ sich im Laufe der Jahre verändern, wenn eine Pflanze sich stärker ausbreitet, die andere weniger kräftig wächst
→ mit klangvollen Namen wie »Indianersommer«, »Blütenwinter« oder »Schattenglanz« angeboten werden
→ zwar für öffentliche Grünanlagen konzipiert wurden, in kleineren Dimensionen aber durchaus auch für Hausgärten geeignet sind

Am besten morgens damit los!*

Spartipps für den Gärtner

Wie kann ich beim Gärtnern Geldbeutel und

Ressourcen schonen? Sieben Tipps für effektives

Arbeiten mit einfachen und günstigen Mitteln!

Sammeln statt kaufen

Wer samenfeste Sorten statt F1-Hybrid-Sorten wählt, kann nach der Blüte das Saatgut seiner Lieblingspflanzen sammeln und im nächsten Jahr wieder aussäen. Samenfest bedeutet, dass die Nachkömmlinge die gleichen Qualitäten haben, vor allem in Bezug auf Blütenfarbe und -größe oder Früchte, wie die Eltern. Bei den F1-Sorten muss man immer wieder neues Saatgut kaufen.

Plan gehabt!

Ein Bummel durch die Gärtnerei hat für den Geldbeutel ungefähr den gleichen Effekt, wie hungrig in den Supermarkt zu gehen: Sein Inhalt schwindet rapide. Wer das verhindern will, schreibt vorher einen Einkaufszettel.

Alle Jahre wieder

Das Gartenjahr ist ein Kreislauf, vieles wiederholt sich. Manches kann man sich ersparen, indem man zum Beispiel statt Einjährigen Stauden pflanzt. Die treiben jedes Jahr wieder aus, ohne dass man sich um die Aussaat Gedanken machen müsste. Das funktioniert sogar auf dem Balkon. Allerdings gibt es bei den Einjährigen unschlagbar schöne Arten und Sorten. Als goldenen Mittelweg kann man mit einer Kombination aus beiden Pflanzengruppen Garten und Balkon gestalten.

Gut gemixt

Gute Blumenerde hat ihren Preis — trotzdem sollte man beim Kauf keine Kompromisse machen! Stattdessen kann man die Erde mit günstigen Zutaten wie Sand und Landerde verlängern. Gleichzeitig verbessert man dabei ihre Eigenschaften (→ Seite 32).

Doch, sie lebt!

Topf-los

Wer eine Hecke pflanzt, muss mit meter-weise Investitionen rechnen. Günstiger wird es, wenn man wurzelnackte Pflanzen kauft. Diese bekommt man allerdings nur im Frühjahr und Herbst. Nach dem Kauf müssen sie gut gewässert und möglichst bald gepflanzt werden.

Steter Tropfen ...

Wasser fällt kostenlos vom Himmel, das sollten Gärtner ausnutzen. Eine Regenrinne mit Sammeltonne gehört also zur Grundausstattung jedes Gartens — auch wenn er Wasseranschluss hat. Wasser sparen kann man außer-dem, indem man Topfpflanzen in Untersetzer setzt. Abflie-ßendes Wasser geht nicht verloren.

* Gießt man Pflanzen morgens, sieht man genau, wer trotz Tau und kühler Nacht dringend Wasser braucht.

Zum Essen fast zu schade

Erntewunder

Vier Monate hat man sich täglich um seinen Blumenkohl gekümmert und schwupps ist er — in einer, zugegebe-nermaßen leckeren, Mahlzeit — weggefuttert. Wer wenig Platz, aber viel Lust auf frisches Gemüse hat, wählt Arten, die sich mehrmals ernten lassen. Dazu gehört Mangold (links zu sehen). Schneidet man die Stiele einige Zentimeter über dem Boden glatt ab, wachsen nach wenigen Tagen neue Blätter. Und nach etwa zwei Wochen kann man wieder ernten. Ähnlich funkti-oniert Schnittsalat. Er bildet keinen Kopf, sondern locker stehende Blätter, die man von außen nach innen auch einzeln schneiden kann. Postelein kann man ebenfalls mehrmals ernten, wenn man die büschelig stehenden Blätter kurz über dem Boden schneidet.

Blütenrausch im Ziergarten

Sitzplätze planen, Beete anlegen, Problemzonen begrünen … Wie das geht?

Sebastian Ehrl führt Garten-Starter von

»A« wie »ahnungslos« zu »Z« wie »Ziergarten«.

Planen: erst gucken, dann gestalten

Was will ich von meinem Garten? Er kann schließlich so vieles sein. Mit diesen Faustregeln wird aus einer ungestalteten Fläche ein Wohlfühlparadies.

Rumhängen oder rotieren? Von A wie Ackern bis Z wie Zurückziehen, im Garten geht alles wunderbar. Je klarer man weiß, was man möchte, desto schneller ist man am Ziel – seinem persönlichen Lieblingsgarten.

Mit Wünschen und Wissen einen Garten gestalten

»Was will ich?« und »was habe ich?« Ganz unabhängig davon, ob man auf einer brachliegenden Fläche einen Garten neu anlegt oder ob man ein bereits kultiviertes Stück übernimmt, sind das die entscheidenden Fragen auf dem Weg Richtung Gartenglück. Das »was will ich?« führt dazu, die Ansprüche und Wünsche an die Fläche zu formulieren: Will ich mich körperlich betätigen oder entspannen? Suche ich Ruhe oder Geselligkeit? Steht das Ernten im Vordergrund oder die Sammelleidenschaft

für Pflanzen? Will ich alleine sein oder mit Freunden und Familie gärtnern und genießen? Wie wichtig ist es mir, Tieren einen Rückzugsort zu schaffen? Nicht alle Bedürfnisse wird man sofort formulieren können, manches wird einem erst im Lauf der Jahre klar und die Ansprüche an den Garten ändern sich mit wachsender Erfahrung. Trotzdem ist es wichtig, sich diese Gedanken zu machen und festzuhalten — und gleichzeitig im Hinterkopf zu behalten, dass nichts, was man im Garten tut, so für die Ewigkeit bleiben muss.

Wissen, was da ist: Die Bestandsaufnahme

Das »was habe ich ich?« dient als Aufforderung, sich mit dem zu beschäftigen, was vorhanden ist. Dazu gehört Offensichtliches — wie alte Bäume oder Hecken, Gebäudeteile und Zäune, aber auch bereits angelegte Beete und Wege. Und auch Strukturen, die nicht auf dem Grundstück liegen, gehören dazu — schließlich beeinflussen sie den Charakter und die Lichtverhältnisse.

Weniger offensichtlich, aber nicht minder wichtig ist die **Bodenart** (mehr dazu ab → **Seite 30**). Sie entscheidet, was im Hinblick auf die Bepflanzung möglich ist. Wer sich auf einfache Art orientieren will, wirft einen Blick über den Gartenzaun. Welche Pflanzen gedeihen beim Nachbarn besonders gut? Was wächst in der Umgebung? Aus solchen Beobachtungen lässt sich ableiten, was im eigenen Garten gut wachsen würde. Leichter lassen sich die **Lichtverhältnisse** erkennen und in die Planung mit einbeziehen. Hier ist die eigene Beobachtungsgabe gefragt. Dabei lohnt es sich, genau hinzusehen. Denn was im Sommer im Baumschatten liegt, wird im Winter zum Sonnenplatz.

Unten   Den Garten immer wieder genau zu betrachten ist der erste Schritt zu einem schlüssigen Gesamtkonzept. Notizen helfen anschließend bei der Planung.

Womit beginnen?

Für Garten-Starter empfiehlt es sich, die Fläche zuerst grob aufzuteilen. Wo sollen Beete hin, wo ein Sitzplatz oder Weg? Nicht alle Elemente muss man sofort perfekt anlegen. Das Gesamtkonzept sorgt aber dafür, dass die Gestaltung stimmig bleibt, auch wenn man sie nach und nach mit Leben füllt. Bei der Wahl der Bepflanzung bietet es sich an, mit einfachen und pflegeleichten Pflanzen zu beginnen und sich im Laufe der Zeit an anspruchsvollere Gewächse heranzutrauen. Beschränkt man sich zunächst auf wenige Arten, ist der Pflegeaufwand geringer als bei einem bunten Mosaik ineinander wachsender Einzelpflanzen, von denen jede zu unterschiedlichen Zeiten Aufmerksamkeit verlangt. Vieles ergibt sich automatisch, beispielsweise wenn man eine Gartenbank auf dem Sperrmüll findet und nun einen Sitzplatz gestalten kann oder wenn der Zitronenkern, den man aus Faulheit im Blumentopf entsorgt hat, zu keimen beginnt und den gärtnerischen Ehrgeiz weckt.

Das muss auf den Gartenplan

→ Maßstäbe und Dimensionen

→ Himmelsrichtungen sind hilfreich, um Sonnen- und Schattenverlauf zu erkennen

→ Gebäude oder hohe Bäume auf oder neben dem Grundstück

→ Pflanzennamen, die Liste nimmt man anschließend als Einkaufszettel

→ Leitpflanzen, also Gehölze oder große Stauden, mit denen man das »Gerüst« anlegt

→ der Umfang der Pflanzen im ausgewachsenen Zustand

Gestaltung: Du hast den Garten schön!

Sitzplatz, Weg, Beet – was soll wo hin?

Eine kleine Einführung in die große Kunst der Gestaltung –

Garten-Starter gerecht aufbereitet.

Gartenräume solle man einrichten und Sichtachsen einplanen, propagieren Bücher zum Thema Gartengestaltung großmundig. Aber was bedeutet das eigentlich? Und hilft es mir wirklich, diese Begriffe zu kennen und mich im eigenen Garten an den Grundsätzen zu orientieren, die schon bei der Anlage herrschaftlicher Schlossgärten Verwendung fanden? Kurz gesagt: ja. Und es ist viel weniger kompliziert, als es scheint.

Von großen Vorbildern und guten Möglichkeiten

Ein typischer Garten besteht aus einer Terrasse am Haus und einer daran anschließenden Rasenfläche, die von Beeten gerahmt wird. Dabei ist weniges langweiliger als ein Garten, den man sofort nach dem Betreten überblickt. Erst wenn der Blick gelenkt und die Neugier geweckt wird, macht ein Garten Besitzer und Besuchern dauerhaft Freude. Also teilt man den Garten in verschiedene Bereiche (Gartenräume) und führt den Blick entlang bestimmter **Sichtachsen**. Diese kennt man buchsheckengesäumt aus Bauerngärten, aber auch aus den großen Barockparks, wo man selbst aus dem hintersten Winkel des Gartens freien Blick auf das Herrenhaus hat. Für dieses In-Szene-setzen benötigt man weder viel Platz noch ein Schloss. Stattdessen setzt man die Sichtachse so, dass ein besonderes Gehölz, ein Kunstobjekt oder — getreu dem Motto »my Laube is my Castle« — ein bunt bemaltes Gartenhäuschen darin liegen.

Auf solche **Blickpunkte** reagiert der Betrachter automatisch mit Neugier und dem Verlangen, sich ihnen zu nähern. Wie von einer inneren Stimme getrieben, will man es aus nächster Nähe betrachten. Ist der Weg dorthin dann noch mit einem Beet gesäumt und das Auge bleibt rechts und links an leuchtenden Blüten und außergewöhnlichen Blattformen hängen, nimmt der Besucher ihn als lang und aufregend wahr. Dass er eigentlich nur wenige Meter gegangen ist, fällt ihm nicht auf und der Garten wird automatisch als größer wahrgenommen, als er ist. Mit einem Spiegel kann man diesen Effekt verstärken, indem man — genau wie im Wohnraum — die Illusion von Weite erzeugt. Am Ende einer solchen Achse platziert, lässt er den Garten größer erscheinen.

Sichtachsen schaffen

Je kleiner der Garten, desto eher wird man Nützliches mit Schönem kombinieren und die Sichtachsen als Wege gestalten. Der Blick wird in den Garten gezogen,

Vorfreude auf das, was weiter hinten liegt, entsteht. Mit Blickpunkten betont wird jeweils der Beginn und das Ende einer Sichtachse. Mit Rankbögen lässt sich der Blick ebenfalls lenken. Sie wirken wie ein Rahmen. Man kann aber auch ganz bewusst die Umgebung in die Gestaltung mit einbeziehen. Steht ein schöner alter Baum oder ein attraktives Gebäude in der Nähe, kann man diese ebenfalls durch Blickachsen im Garten in Szene setzen. Das Drumherum in die Gestaltung des Gartens einzubeziehen, ist gerade in kleinen Gärten eine gute Methode, die Fläche größer wirken zu lassen.

Unten Kunst oder Couch? Der geschwungene Weg zieht den Blick zur außergewöhnlich geformten Sitzbank. Solche Blickpunkte machen eine Gartengestaltung gelungen.

Gartenräume schaffen

Versteckt gelegene Sitzplätze und Wege, die in uneinsehbare Ecken führen, machen einen Garten spannend. Sie wecken die Neugier und laden ein, ihn aufmerksam zu betrachten. Am Ende des Rundgangs durch einen mit verschiedenen Gartenräumen angelegten Garten bleibt das Gefühl, man müsse noch mal losziehen, weil man die Bank ganz am Anfang noch ausprobieren will, die Nase noch einmal in die honigsüß duftende Rose stecken möchte ... Das Ziel ist es also, innerhalb eines Gar-

»Ein Garten soll die Neugier wecken und einladen, ihn aufmerksam zu betrachten.«

tens mit unterschiedlichen Pflanzen und Accessoires verschiedene Bereiche zu schaffen. Manche dieser Räume ergeben sich von selbst. An der Südseite des Hauses finden andere Pflanzen den passenden Standort als auf der Nordseite. Unter dem alten Obstbaum herrscht eine andere Atmosphäre, als auf der Terrasse am Haus. Die einzelnen Bereiche trennt man je nach Größe des Gartens mit Hecken oder einem einzeln stehenden Gehölz.

Die **Unterteilung** muss nicht vollständig blickdicht sein, um ihren Zweck zu erfüllen. Die auffällige Wuchsform eines Strauches oder ein in die Rasenfläche platziertes Beet reichen, um den Blick anzuhalten. Das Gehirn nimmt wahr, dass der Raum in sich geschlossen ist, gleichzeitig wird es neugierig auf das, was hinter dem trennenden Element liegt. Selbst eine kniehohe Buchshecke markiert einen Gartenbereich so, dass er als ein-

Links Solche Blumenmischungen sind eher etwas für größere, sonnig gelegene Flächen, denn hier sorgt die Masse für den schmückenden Effekt.

zelnes Zimmer wahrgenommen wird. Den unterschiedlichen Charakter der Gartenräume kann man auf viele Arten gestalten. Man kann jedem eine Farbe zuordnen oder auch mit der Gestaltung von Beeten in runden und geometrischen Formen Kontraste setzen. Jeder Gartenraum sollte mindestens so groß sein, dass ein Stuhl, eine Bank oder eine Picknickdecke darin Platz haben. Schließlich will man dort die besondere Atmosphäre und die einzigartige Perspektive genießen können.

Tipps für kleine Gärten

Je kleiner der Garten, desto größer ist die Herausforderung, ihn ansprechend zu gestalten. Inspirationen findest du in Gartenbüchern und -zeitschriften. Einige Tricks helfen, die Fläche weitläufiger erscheinen zu lassen.

- ✪ Mehr als praktisch: Stufen sind nicht nur in Gärten mit Höhenunterschieden gut. Legt man Beete in verschiedenen Niveaus an, erfasst das Auge sie als einzelne Elemente und der Garten wirkt größer.
- ✪ Je kürzer die Pflanzenliste, desto besser: Im kleinen Garten beschränkt man sich auf eine geringe Anzahl verschiedener Pflanzen, von denen man aber jeweils mehrere zu einer Gruppe versammelt. Zu viele Formen und Farben wirken unruhig.
- ✪ Flexibel bleiben: Topfpflanzen rückt man einfach in einer Ecke zusammen, wenn Gäste kommen und hat im restlichen Garten Platz für Tisch und Stühle.
- ✪ Hell hilft: Helle Farben von Möbeln und Pflanzen lassen eine Fläche größer erscheinen.
- ✪ Klotzen statt kleckern: Große Steinplatten statt kleingemusterter Flächen wirken ruhig.

Oben Die Kombination aus Fetthenne (*Sedum telephium,* vorne) und Purpur-Sonnenhut (*Echinacea purpurea*) ist rund ums Jahr attraktiv.

Unten Reduzierte Farben, große Bodenplatten und eine Pflanzung auf unterschiedlichen Niveaus sind gute Stilmittel, um einen Garten größer wirken zu lassen.

Schön und praktisch soll es sein: Flächen einteilen, Wege planen

Hat man seine Bestandsaufnahme des Gartens gemacht (→ Seite 70) und sich mit den Grundideen der Gartengestaltung (→ Seite 72) beschäftigt, sollte der Garten nun in ein Raster unterteilt worden sein. Aus der Vogelperspektive betrachtet, sähe man ein Netz aus Wegen — als Sichtachsen — sowie aus organisch oder geometrisch geformten Flächen. Diese können Beete, aber auch Sitzplätze und Arbeitsbereiche sein. Dieses Grundgerüst kann man in einem Rutsch, aber auch nach und nach füllen. Wichtig ist, es besteht von Anfang an!

Sitzplatz, Beete, Kompost – was soll wohin?

Nun heißt es: an sich selbst denken. Ein Beet mit Küchenkräutern am hinteren Ende des Gartens ergibt ebenso wenig Sinn wie ein Sitzplatz, der nur tagsüber Sonne hat, obwohl man erst abends Zeit hat, den Garten zu nutzen. Beim nächsten Schritt der Gartenplanung spielen also mehrere Aspekte eine Rolle: Der Garten ist auch ein **Arbeitsplatz**. Es ist sinnvoll, ihn praktisch einzurichten. Ein Geräteschuppen ist daher am besten nahe der Beete untergebracht. Arbeitet man mit einer Schubkarre, müssen die Wege breit genug und ohne größere Stufen angelegt werden. Die Küchenkräuter setzt man nahe ans Haus, wo man sie auf die Schnelle ernten kann. Und einen Komposthaufen platziert man am besten so, dass er vom Sitzplatz aus nicht zu sehen ist.

Der Garten ist aber auch ein **Wohlfühlort**. Um diesem Anspruch gerecht zu werden, gestaltet man Terrassen mit Tisch und Stühlen oder kleinere Sitzplätze, an denen man die Tierwelt beobachten kann. Wo und wie groß man sie gestaltet, hängt neben der Gesamtgröße des Gartens auch davon ab, zu welcher Tageszeit man diesen nutzen wird. Je nach Bedarf und Geschmack weist man den Parzellen, die durch die Platzierung von Sichtachsen und Wegen entstanden sind, einen bestimmten

Zweck zu. Durch unterschiedliche Bodenbeläge kann man jedem Bereich seinen eigenen Charakter verleihen. Und nicht zuletzt soll ein Garten Pflanzen eine Heimat bieten. Darum wird ab → **Seite 80** erklärt, wie du Beete anlegst und gestaltest.

Kurze Wege führen zum Glück

Die Wege sind eines der wichtigsten Elemente im Garten. Sie erfüllen dekorative, aber auch praktische Zwecke. Und egal, ob man einen Garten neu anlegt oder ihn umgestaltet: Ist die Wegeführung nicht durchdacht, ist Ärger vorprogrammiert. Zu enge oder unebene Wege nutzt man erfahrungsgemäß nur ungern. Bei stark geschwungenen oder gar kurvigen Wegen läuft man eher auf der »Ideallinie«, statt dem Verlauf des Weges zu folgen. Liegt eine Rasenfläche oder ein Staudenbeet dazwischen, haben die Pflanzen das Nachsehen.

Einer für alles: Sitzplätze gestalten

Ein Garten ohne Sitzplatz? Undenkbar! Schließlich braucht man während der Gartenarbeit und vor allem danach einen Platz, von dem man Blüten, Düfte und Vogelgesänge genießen und das Tagwerk bewundern kann. Neben der klassischen Terrasse am Haus gibt es unterschiedlichste Möglichkeiten, einen Ort zum Ausruhen zu schaffen. So kann man ihn auf einem Holzdeck an der Rasenfläche oder an einem Teich anlegen und es sich dort mit einer Sonnenliege bequem machen. Wer einen kleinen Garten hat und auf dem wenigen Platz so viele Pflanzen wie möglich unterbringen möchte oder wer sich vor dem Bau eines Holzdecks oder dem Anlegen einer Pflasterfläche scheut, der behilft sich mit mobileren Lösungen! Hängematten gibt es mit klappbarem Gestell,

Rechts So sieht ein optimaler Weg durch den Garten aus – breit genug für die Schubkarre, in gerader Linie zwischen den Gartenteilen und angenehm zum Barfußlaufen.

sodass sie selbst mit von der Gartenarbeit schwer gewordenen Gliedern in Windeseile aufgebaut sind. Wer mit seinen Pflanzen auf Tuchfühlung gehen möchte, stellt einen Stuhl, einen Sitzsack oder eine Bank zwischen die Beete und genießt den Garten aus nächster Nähe mit Augen, Ohren und Nase.

Grenzen setzen

Ein mit Zaun- oder Sichtschutzelementen umschlossener Garten erfüllt das Bedürfnis des Menschen nach Geborgenheit. Holzwände aus dem Baumarkt sind günstig — und mit etwas Farbe oder einer Kletterpflanze schnell aufgepeppt. Weidenzäune lassen sich leicht selbst flechten. Wer langfristig denkt, pflanzt im Abstand von etwa 50 Zentimetern kleine Weiden. Zwischen ihren Stämmen windet man das jährlich anfallende Schnittgut. Nach einigen Jahren freut man sich so über Kopfweiden, mit deren Ruten man jedes Jahr neu kreativ werden kann. Auf andere, aber nicht weniger charmante Art kann man mit Hecken die Grundstücksgrenzen begrünen. Am besten nimmt man dazu Gehölze, die strauchartig wachsen und nur alle paar Jahre geschnitten werden müssen. Drahtzäunen nimmt man mit Kletterpflanzen ihre »Zoo-Romantik«. Welche Höhe Zäune haben dürfen, ist übrigens von Gemeinde zu Gemeinde unterschiedlich. Am besten erkundigt man sich vor dem Aufstellen. Die Abgrenzung zum Nachbar ist nämlich der häufigste Grund für schlechte Stimmung zwischen Gartenbesitzern.

Links So unkrautfrei bleibt eine neu angelegte Rasenfläche nicht lange. Dann ist Zupfen oder Toleranz gefragt (oben links). Eine günstige Möglichkeit, Wege und Flächen zu gestalten, sind Restbestände aus anderen Projekten (oben rechts). Rindenhäcksel und Kies sind für wenig Geld zu bekommen und passen zu einer naturnahe Bepflanzung. Allerdings verabschiedet sich Kies im Schuhprofil gerne aus dem Garten, Rindenhäcksel verrotten und müssen nach etwa zwei Jahren nachgelegt werden (unten).

Englischer Rasen oder Blumenwiese im Hippie-Style?

Nicht umsonst gibt es nahezu in jedem Garten eine Rasenfläche. Dort kann man Sport treiben, die Picknickdecke ausbreiten oder barfuß laufen. Allerdings ist der Rasen der Teil des Gartens, der so intensiv gepflegt werden muss wie kein anderer. Selbst wenn man sich nicht zu stark am englischen Vorbild orientiert: einmal die Woche sollte gemäht, ständig Unkraut entfernt sowie zweimal im Jahr gedüngt und vertikutiert werden.

Die Wildblumenwiese muss zwar nur zweimal im Jahr gemäht werden, dafür sollte man sie dazwischen nicht betreten. Und so leicht, wie Billiganbieter es darstellen, ist eine Blumenwiese leider nicht angelegt. Sie braucht spezielle Bodenverhältnisse und eine ausgewogene Saatgutmischung. Dafür finden dort zahlreiche Insekten und Kleintiere Unterschlupf und Nahrung. Gemäht wird idealerweise mit der Sense.

Möbel: Meine Favoriten

Mit gestylten Designermöbeln kann ich wenig anfangen. In meinem Garten stehen Klappstühle mit Metallgestell und Sitzflächen aus Holzlatten, wie man sie aus bayerischen Biergärten kennt. Ich mag die Form, aber auch, dass man die Holzlatten problemlos austauschen kann, wenn sie morsch geworden sind. Das Gestell streiche ich in meiner momentanen Lieblingsfarbe. Sie passen am ehesten zu den wilden Gärten, die ich mag!

Bunt gemischt: Beete planen und anlegen

Ja, ich will Blumen! Aber wohin? Welche wähle ich?

Und wieviele? Hier gibt es die Antworten auf

die meistgestellten Fragen von Garten-Startern.

Im Blumenbeet geht es zu wie im echten Leben: Es gibt Höhen und Tiefen, ruhige und aufregende Phasen. Beide macht gerade der Wechsel dieser Kontraste interessant. Und beiden kann man auch bewusst eine Richtungen oder ein Ziel geben und es den eigenen Vorlieben entsprechend ausgestalten.

Staudenbeete anlegen: Schritt für Schritt zum Gartenglück

Klar kann man allerhand praktische Tipps geben, wie das Anlegen von Beeten Erfolg verspricht. Zunächst ist aber der eigene Geschmack gefragt: Mag man es lieber geometrisch mit geraden Linien? Oder organisch geschwungen? Knallbunt oder in harmonischen Farbabstufungen? Als nächstes sind Geduld und Realismus gefragt: Staudenbeete, wie man sie in Büchern oder Zeitschriften zu

sehen bekommt, sind meist mehrere Jahre alt. Es ist völlig normal, wenn ein neu angelegtes Beet die ersten ein, zwei Jahre eher ernüchternd aussieht. Außerdem wird nicht alles, was man sich mit seiner lebhaften Fantasie vorgestellt hat, funktionieren. Dann heißt es: Nicht frustriert aufgeben, sondern angespornt etwas Neues probieren! Denn in wenigen Bereichen des Lebens kann man so unbeschadet Ideen ausprobieren wie im Garten.

Sieben Tipps für schöne Beete

- ✪ **Klein anfangen.** Starte lieber mit einem einzelnen Beet, als sofort den ganzen Garten in ein Blütenmeer verwandeln zu wollen.
- ✪ **Bitte keine Einzelkinder.** Pflanzen kommen besser zur Geltung, wenn man sie in kleinen Trupps von drei bis fünf Exemplaren setzt.

✪ **Nicht nur ans Aussehen denken.** Schließlich muss man die Pflanzen zum Gießen oder Zurückschneiden gut erreichen können. Das Beet daher lieber schmaler anlegen als zu breit oder mit Trittplatten.

✪ **Auf Multitalente setzen.** Für den Anfang sind Arten gut, die nicht nur schön blühen, sondern auch attraktives Laub haben. Dazu gehören das Kaukasus-Vergissmeinnicht (*Brunnera macrophylla*) mit seinen strahlend blauen Blüten und gemusterten Blättern oder der Woll-Ziest (*Stachys byzantina*) mit seinen silbrig-grauen flauschigen Blättern.

✪ **Flexibel bleiben.** Kombiniert man Einjährige mit Mehrjährigen blüht es selbst in neu angelegten Beeten schon im ersten Jahr. Unter den Einjährigen sind Zinnien, Cosmeen oder Ringelblumen, aber auch Tagetes und Kapuzinerkresse dankbare Vertreter.

✪ **Sparsam sein.** Gehölze oder große Stauden wirken einzeln am besten. Deko-Objekte sollen die Schönheit der Pflanzen ergänzen, nicht überstrahlen.

✪ **Gut kalkulieren.** Als Faustregel gilt: Auf einen Quadratmeter passen eine Leitstaude, drei bis vier Begleitstauden oder fünf bis zehn Bodendecker.

Beetpläne zeichnen, so geht's

Keine Angst, man muss kein Künstler sein, um einen Beetplan zu zeichnen. Es reicht eine maßstabsgetreue Skizze, in der man die Position der Pflanzen sowie deren Umfang markiert. Auf einer Liste notiert man die ausgewählten Stauden inklusive Blütezeit und Wuchshöhe. Eine solche Planung ist hilfreich um einschätzen zu können, zu welchen Jahreszeiten das Beet gut aussieht oder ob für bestimmte Monate nachgearbeitet werden muss.

Unten Ob mit selbst gemachten Icons oder aus Katalogen ausgeschnittenen Pflanzenfotos — ein Beetplan inklusive Pflanzliste ist bei der Neuanlage eines Gartens hilfreich.

Alles so schön bunt hier! Wie Blütenfarben wirken

So beeindruckend ein Gartenbereich ist, den man mit Blattschmuckstauden, also hauptsächlich in Grüntönen gestaltet – Blüten gehören zu einem Garten wie die Rückenschmerzen zum Umgraben. Um ein Gefühl dafür zu entwickeln, was gut kombiniert werden kann, beschränkt man sich zunächst lieber auf wenige Pflanzenarten und macht sich mit der Wirkung von Blütenfarben, aber auch von Blattformen, Größenverhältnissen und dem Anblick der Pflanzen in den verschiedenen Jahreszeiten vertraut.

Kontraste setzen oder Harmonien bilden

Wie im Wohnraum kann man auch im Garten mit Farben unterschiedliche Stimmungen erreichen. Der Vorteil der Pflanzenwelt ist allerdings, dass alle Farben zueinander passen. Ganz vereinfacht gesagt ist es so: Feurigwarme Farben (Gelb, Orange, Rot) oder Komplementär-

»Schöne Effekte ergeben sich oft durch Zufall, wenn eine Staude sich an einem anderen Ort aussät.«

kontraste wirken anregend, helle Töne und Weiß beruhigend. Wer zum ersten Mal ein Staudenbeet anlegt, beschränkt sich am besten auf einen Farbton. Es entsteht ein harmonisches Bild, selbst wenn man zarte Pastelltöne mit kräftigen Nuancen mischt. Wunderschöne Effekte ergeben sich oft zufällig, wenn Stauden vagabundieren. Sie säen sich selbst aus und tauchen an Stellen im Beet auf, wo man sie selbst nicht platziert hätte.

Links   Eine Farbe, viele Nuancen: Die Blütenstände von Wiesenknopf (*Sanguisorba*, vorne), Duftnessel (*Agastache*, zwei Sorten, mittig) und Indianernessel *(Monarda).*

Von Pauken & Harfen: Mit Größe und Blattformen spielen

Zum Glück ist die Pflanzenwelt so vielfältig, dass selbst ein einfarbiges Staudenbeet nie langweilig wird. Dafür sorgt die unterschiedliche Form und Größe der Blüten, auffällige Samenstände sowie die Form und Färbung der Blätter. Mit **Leitstauden** sorgt man für Struktur. Es sollten auffällige, großlaubige oder -blühende Pflanzen sein, für die man etwa 15 Prozent der Fläche einplant. Was als Leitstaude geeignet ist, hängt natürlich vom Standort, aber auch von der Größe der Pflanzen in der direkten Umgebung ab. Als Garten-Starter beschränkt man sich am besten auf eine Art, die man an mehreren Stellen platziert. Für die restlichen 85 Prozent der Fläche hat der Potsdamer Staudenzüchter Karl Foerster den Vergleich mit einem Orchester formuliert: Als **Begleitstauden**, also Pflanzen, die »Fläche machen« sollen, mischt man Pauken — großblättrige, auffällige Pflanzen — mit Harfen, also den feinblättrigen, zarteren Gewächsen. Im schattigen Beet könnten das großblättrige Funkien *(Hosta)* zu Japan-Bandgras *(Hakonechloa macra)* sein, in der Sonne Brandkraut *(Phlomis)* mit seinen puscheligen Blütenständen zum zierlichen Lampenputzergras *(Pennisetum)*.

Andere Gestaltungsideen für Staudenbeete sind

✪ das Nachempfinden von Landschaften, z.B. Präriebeete oder Steingärten

✪ das Mischen von Pflanzen mit kerzen- bzw. schirmförmigen Blütenständen

✪ das Mischen von Vertretern einer Pflanzengruppe z.B. breit- bzw. hochwachsende Ziergräser.

Oben Starker Kontrast für sonnige Standorte: Knallig gelbe Blüten des Sonnenhut *(Rudbeckia)* zu flauschigen Blütenständen des Lampenputzergrases *(Pennisetum)*.
Unten Wie im echten Leben – die Kleinen nach vorne! Hier entsteht dank der ähnlichen Blütenform von Schnitt-lauch und Zier-Lauch ein harmonisches Bild.

Rosen statt Rasen: In vier Schritten zum neuen Beet

Wohin mit den Errungenschaften der letzten Pflanzentauschbörse oder mit den selbstgezogenen Prunkbohnen-Sämlingen? Ein neues Beet muss her! Die Step-by-Step-Beschreibung zeigt, wie aus einer Rasenfläche fruchtbarer Boden für Stauden und Gemüse wird.

1   Die Grasnarbe abschälen

Dazu schiebst du den Spaten möglichst waagerecht etwa eine Handbreit unter die Erdoberfläche in den Boden und »schälst« Rasensoden ab. Unkräuter mit einem starken Wurzelsystem wie Giersch, Distel oder Löwenzahn solltest du schon vorher mit einem Unkrautstecher (→ Seite 58) entfernen. Sie können aus kleinen Wurzelresten wieder austreiben und würden den Pflanzen im neu angelegten Beet das Leben unnötig schwer machen. Vielleicht hast du eine Stelle im Garten, wo der Rasen löcherig geworden ist? Dann kannst du die abgeschälten Rasenstücke dort wieder einsetzen. Dazu mähst du den Rasen vorher möglichst kurz, lockerst den Bo-

den, drückst die Stücke fest hinein und gießt sie kräftig. Wer es nicht ganz so eilig hat, kann die Fläche, an der das Beet entstehen soll, mit Karton oder Folie abdecken. Nach etwa drei Monaten ist der Bewuchs abgestorben und die Gräserleichen können mit wenig Aufwand in den Boden eingearbeitet werden. An anderer Stelle einpflanzen kannst du sie dann allerdings nicht mehr.

2   Die Bodenverhältnisse verbessern

Damit deine Pflanzen sich von Anfang an im Beet wohlfühlen, gibst du ihnen mit bodenverbessernden Materialien wie Kompost, Sand, Hornspäne und Lavasplit eine kleine Starthilfe. Die Menge richtet sich danach, was auf dem Beet hinterher wachsen soll. Für ein Staudenbeet rechnet man pro Quadratmeter etwa 80 bis 100 Gramm Hornspäne. Das sind etwa zwei Hände voll. Kompost trägt man flächig auf, die Schicht sollte drei bis fünf Zentimeter dick sein. Sand oder Lavasplit benötigst du vor allem bei lehmigen Böden. Davon genügen ein bis drei Zentimeter. Viele unserer Gemüsearten sind Starkzehrer und brauchen einen lockeren und nährstoffreichen Boden, also mehr Sand und Kompost. Bei kleineren Gärten

lohnt es sich, die Materialien vorher in einer Mörtelwanne zu mischen und sie dann bei Bedarf mit einer Schaufel gleichmäßig auf der Fläche zu verteilen.

3 Die Fläche umgraben

Jetzt heißt es: umgraben! Dafür kannst du einen Spaten oder die Grabegabel zur Hand nehmen. Die Gabel hat den Vorteil, dass du große Erdklumpen mit ihr gut zerkrümeln kannst. Außerdem haben Regenwürmer und andere Tiere, die im Boden leben, eine faire Chance zu überleben. Beim Umgraben hebelst du ein Stück Erde aus der Fläche und wirfst es umgedreht wieder auf den Boden. Bei sehr schweren oder verwurzelten Böden kannst du dich in zwei oder drei Etappen auf Spatentiefe vorarbeiten. Große Brocken, die beim Abwerfen nicht auseinanderfallen, teilst du mit der Grabegabel oder dem Spaten. Das Beet ist perfekt vorbereitet, wenn alle groben Klumpen verschwunden und Kompost, Sand und Hornspäne gleichmäßig im Boden verteilt sind. Zum Schluss nimmst du einen Rechen zur Hand, zerkrümelst die Reste und ebnest die Fläche. Sinn des Umgrabens ist es, den Boden zu lockern. Da dabei aber auch das Bodenge-

füge und damit der Lebensraum für Bodenlebewesen und Mikroorganismen im wahrsten Sinne des Wortes auf den Kopf gestellt werden, ist das Umgraben nicht jedes Jahr notwendig. Bei der Neuanlage eines Beetes oder stark verdichteten Böden ist es aber durchaus sinnvoll.

4 Das Beet bepflanzen

Hast du das Beet hergerichtet, kannst du mit dem Bepflanzen beginnen. Bei einem Staudenbeet stellst du die Pflanzen in den Töpfen auf die Fläche. Betrachte das Beet aus verschiedenen Perspektiven: von nah und weiter weg, aber auch von verschiedenen Standpunkten. Manches sieht vielleicht nicht aus, wie du es geplant hast (→ Seite 80). Dann kannst du die getopften Pflanzen umstellen. Bist du mit der Zusammenstellung zufrieden, beginnst du mit dem Einpflanzen (→ Seite 40).

Für ein Gemüsebeet bindest du eine lange Schnur an zwei Stöcke und steckst diese so in den Boden, dass die Schnur gespannt ist. An dieser Geraden werden die kleinen Gemüsepflänzchen gesetzt. Wie im Staudenbeet musst du nach dem Pflanzen tüchtig gießen.

Hilfe bei Problemzonen: Was tun bei Extrem-Sonne oder -Schatten

Dass ein Garten sonnige Stellen und schattige Ecken hat, ist normal. Was aber tun, wenn der ganze Garten heiß und trocken oder ein von allen Seiten mit hohen Mauern eingefasster Innenhof ist? Zugegeben: Es ist nicht ganz leicht, für solche Gärten die passenden Pflanzen zu finden. Aber es ist auch kein Grund, die Gärtnerschürze an den Nagel zu hängen und aufzugeben!

Gärtnern im Schatten

Die Wälder machen es vor: Auch wo wenig Licht den Boden erreicht, kann eine Vielfalt an Pflanzen gedeihen. Der Vorteil von Schattenstauden: Oft sind sie länger attraktiv als die Sonnenkinder, die man nur ihrer Blüte wegen liebt. Zu den Schattenstauden gehört die große Gruppe der Farne mit ihren filigranen Wedeln, Funkien *(Hosta)* mit einer schier unüberschaubaren Vielfalt an Blattzeichnungen und viele Gräser, darunter solche mit gelbem oder panaschiertem, also weiß gemustertem Laub. Ohne **Blühendes** muss man im Schattengarten trotzdem nicht auskommen. Die Blütenstände von Astilben und Waldgeißbart *(Aruncus)*, die wie Federn über den Pflanzen schweben, zarte Anemonen oder die prachtvollen Blütenbälle von Hortensien *(Hydrangea)* bringen Farbe in schattige Gärten. Pflanzen wie Schneeglöckchen *(Galanthus)*, Winterling *(Eranthis)*, Leberblümchen *(Hepatica)* oder Lungenkraut *(Pulmonaria)*, die im zeitigen Frühjahr den Waldboden mit einem Blütenteppich überziehen, sind auch für schattige Gärten geeignet. Um im Wald zu überleben, blühen sie, bevor die Bäume Laub bekommen und es am Boden schattig wird. Nach der Blüte ziehen sie sich in den Boden zurück. Auch wenn sie den

Links Diese Stauden führen ein Schattendasein: Funkien *(Hosta*, oben), Silberkerze *(Cimicifuga*, mittig, dunkles Laub) und Tafelblatt *(Astilboides*, links, großes Laub).

Rest des Jahres von Stauden überwuchert sind, treiben sie im nächsten Frühjahr wieder aus. Ein schattig gelegener Garten allein ist also nicht das Problem. Etwas mehr Gärtnerwissen erfordert es, wenn der Schatten durch einen großen Baum verursacht wird. Sein Wurzelsystem saugt alles Wasser aus dem Boden, Stauden haben das Nachsehen. Hier kommen nur wenige Pflanzen wie Bergenien, Efeu *(Hedera)* oder Immergrün *(Vinca)* zurecht. Für alle anderen muss man große Pflanzlöcher graben und die Erde üppig mit Kompost anreichern. Eine Plastikflasche, von der man den Boden entfernt, Hals und Deckel durchlöchert, sie mit Wasser füllt und kopfüber neben der Pflanze in die Erde steckt, verhindert das Austrocknen. Alternativ setzt man seine Lieblingspflanzen in große Tontöpfe und platziert sie unter dem Baum.

Die richtigen Partner, wenns heiß her geht

✪ Kleinblättrige Pflanzen vertragen Hitze besser als solche mit großem, dünnen Laub.

✪ Silbrige und behaarte Stiele und Blätter sind ebenfalls ein Zeichen, dass die Pflanzen hohe Temperaturen und Sonnenlicht gut vertragen.

✪ Ideal sind Steingartenpflanzen, die Trockenheit und Wärme vertragen, wie Lavendel *(Lavandula)*, Steppen-Salbei *(Salvia nemorosa)*, Hauswurz *(Sempervivum)*, Duftnessel *(Agastache)*, Wolfsmilch *(Euphorbia)*, Woll-Ziest *(Stachys byzantina)*, Spornblume *(Centranthus)* sowie Kräuter und Zier-Lauch

✪ Ein Sprudelstein oder Wasserlauf sorgt dank Geräuschkulisse und Verdunstung für Abkühlung.

Unten Man muss schon etwas genauer hinsehen, um den Reizen eines Schattengartens zu erliegen. Farne begeistern mit Blattform und Austrieb statt mit knalliger Blüte.

Unten Für sonnige Gärten orientiert man sich an der Pflanzenwelt mediterraner Länder. Aber Achtung: Der Kauf von Duftpelargonien kann die Sammelleidenschaft wecken.

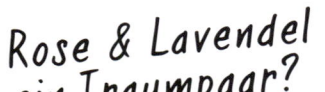

Rose & Lavendel – ein Traumpaar?

Gartenirrtümer: so bitte nicht!

Gärtnern ganz ohne Stress, das wär's?

Wir klären sechs Missverständnisse auf,

die sich rund um Gartenarbeit und Pflanzen hartnäckig halten.

Eine dufte Kombi

Rose und Lavendel werden oft als das Traumpaar im Garten angepriesen. Aber: Rosen benötigen viel Wasser und Nährstoffe, um zu wachsen und zu blühen. Lavendel dagegen wächst am besten, wenn es von oben sonnig, heiß und trocken und der Boden mager ist. Setzt man ihn an einen optimalen Rosenstandort, gedeiht er ein bis zwei Jahre gut. Zu gut. Damit die Pflanze wieder buschig wird, müsste man die lang gewordenen Triebe schneiden. Das vertragen sie aber nur im Holz, das sich in diesem Jahr gebildet hat. Es bleibt nur noch die Wahl: lang lassen oder neu pflanzen. Dass Lavendel die Läuse von Rosen fernhält, ist übrigens nicht erwiesen.

Mein schöner Steingarten

Für den ersten Eindruck bekommt man keine zweite Chance, heißt es. Welchen Eindruck soll man von Menschen bekommen, die den Vorgarten in eine Geröllhalde mit Buchskugeln verwandeln? Abgesehen davon, dass es nicht natur- und tierfreundlich ist, finden Unkraut- oder Ahornsamen zwischen den Steinen ideale Bedingungen, um in Massen auszutreiben. Selbst das Unterfüttern mit Kunststoffgewebe hält sie davon nicht ab. Wie wär es mit einem dicht bepflanzten Staudenbeet, statt bahnenweise Plastik und kiloweise Steine in den Garten zu karren? »Danke!« sagen Tiere und Passanten.

Nix gegen Steine. Aber bitte nicht nur!

Einer von vielen Rasenbesiedlern ...

Rasen ganz pflegeleicht

»Viel Rasen bedeutet wenig Arbeit«, so die Idee, wenn es darum geht, Gärten zu planen. Ok, es gibt bestimmt Menschen, die das spätestens alle anderthalb Wochen anfallende Rasenmähen nicht als Arbeit bezeichnen. Aber während die Herren der Halme noch zum unzähligsten Mal den Grasschnitt zusammenrechen, den Fangkorb leeren, düngen, wässern und nachsäen, entspannen Beetbesitzer schon im Liegestuhl. Ein gut eingewachsenes Staudenbeet braucht pro Jahr (!) zwei Pflegedurchgänge, bei denen man auf Unkrautjagd geht. Dazu kommt jährlich eine, zugegebenermaßen etwas aufwendigere, Aufräum- und Kompost-Ausbring-Aktion.

Neuer, schöner, besser

Noch leuchtendere Blüten, noch hübscher geformtes Laub, noch größere Früchte, noch schönerer Duft und sooo einfach zu ziehen — ein neues Produkt wird von seinen Erfindern immer in den höchsten Tönen gelobt. Es ist jedoch nicht alles Gold, was da so neu und verführerisch aus den Pflanzenkatalogen blitzt. Oft sind neue Sorten in einem Punkt besser, an anderer Stelle aber schlechter. Also genau überlegen, was einem wichtig ist.

Viel hilft viel

Ist doch klar: wenn die Lieblingspflanze den Kopf hängen lässt, braucht sie Wasser. In vielen Fällen ist das richtig. Spätestens wenn im Übertopf Hochwasser herrscht, das Gewächs aber immer noch schlaff auf den Stielen hängt, sollte man misstrauisch werden. Zu viel Wasser kann Pflanzen nämlich zum Verhängnis werden. Den Unterschied erkennt man durch das Befühlen der Erde. Fühlt sie sich trocken an und man gibt der Pflanze Wasser, sollte sie sich im Laufe des Tages aufrichten. Ansonsten hat man es höchstwahrscheinlich zu gut gemeint. Dann hilft es, die Erde vollständig austrocknen zu lassen und vorsichtig zu gießen.

Nur nicht hängen lassen!

Winterzeit = Langeweile

Im Winter kann man als Gärtner ja eh nichts anderes tun, als dem Sommer hinterherzutrauern und den Frühling herbeizusehnen? Stimmt nicht! Auch zwischen November und April gibt es einiges zu tun. Im Haus wollen die Zimmerpflanzen gepflegt werden, Schädlinge lieben trockene Heizungsluft! Wer Bäume oder Sträucher schneiden will, findet sich im unbelaubten Astwerk besser zurecht. Liegt Schnee, kann man Nadelgehölze und Hecken mit einem Besen von der weißen Last befreien. So verhindert man, dass Äste abbrechen. Pflanzen im Winterquartier müssen regelmäßig gegossen (→ Seite 44), das Werkzeug auf Vordermann gebracht und das Gartenhäuschen aufgeräumt werden. Ab März kann man dann wieder durchstarten, Tomaten, Paprika und andere langsam keimende Gemüse- und Sommerblumenarten zieht man auf der Fensterbank vor.

Sonnenanbeter und
Schattengestalten:
Diese Pflanzen
mögen es extrem.
Sie sind pflegeleicht
und lange attraktiv,
also ideal für
Garten-Starter.

Lavendel

Botanisch: *Lavandula*
Mag es: Sonnig und trocken mit durchlässigen, kalkhaltigen Böden
Blüht: Juni bis Juli
Und sonst? Je nach Art und Sorte winterhart. Rückschnitt nach der Blüte und beim Austreiben im Frühjahr. Intensiver Duft. Beliebt bei Bienen. Gut als Topfpflanze.

Storchschnabel

Botanisch: *Geranium*
Mag es: Sonnig oder schattig, warm oder sumpfig
Blüht: Juni bis August
Und sonst? Unglaublich vielfältige Art. Blütenfarbe von Weiß bis dunkles Violett. Für jeden Garten und Standort ist die passende Sorte zu finden.

Fetthenne

Botanisch: *Sedum telephium*
Mag es: Sonnig und trocken, aber auch normalen Boden
Blüht: August bis Oktober
Und sonst? Sehr anspruchslos. Gute Bienenweide. Schirmförmige Knospenstände, sehr attraktiv. Blütenstiele halten sich lange in der Vase. Lässt sich gut teilen.

Taglilie

Botanisch: *Hemerocallis*
Mag es: Fast überall
Blüht: Je nach Sorte ab Mai bis Ende August
Und sonst? Sehr langlebig, zäh und pflegeleicht. Große Auswahl an Sorten von zitronengelb bis dunkelrot blühend. Verträgt die Pflanzung im Kübel.

Silberkerze

Botanisch: *Cimicifuga*
Mag es: Halbschattig bis schattig
Blüht: August bis Oktober
Und sonst? Braucht ein wenig, um sich einzugewöhnen, wird dann aber uralt und jedes Jahr schöner. Duftende Blüten. Toll als Solitärstaude. Gut in Kombination mit Zwiebelpflanzen.

Funkie

Botanisch: *Hosta*
Mag es: Halbschattig bis schattig auf eher feuchten Böden
Blüht: Juli bis September
Und sonst? Sorten in allen möglichen Größen, Farben und Formen. Manche mit duftenden Blüten. Gut als Kübelpflanze. Leider auch bei Schnecken beliebt.

Elfenblume

Botanisch: *Epimedium*
Mag es: Schattig
Blüht: Zierlich, aber fantastisch schön bevor das Laub austreibt, März bis April
Und sonst? Guter Bodendecker. Sehr schönes Laub. Große Vielfalt an Arten, darunter auch wintergrüne.

Kaukasus-Vergissm.n.

Botanisch: *Brunnera*
Mag es: Halbschattig bis schattig
Blüht: April bis Juni
Und sonst? Sehr attraktives Laub, das erst nach der Blüte austreibt. Große Vielfalt an Sorten mit unterschiedlichen Blatt- und Blütenfarben (weiß, hellblau).

Aussaatwunder und Einheimische: Mit diesen Einjährigen und diesen Wildstauden aus unseren Breiten gelingt das Gärtnern garantiert.

Studentenblume

Botanisch: *Tagetes*
Mag es: Sonnig, gedeiht aber auch an einem schattigeren Platz
Blüht: Mai bis Oktober
Und sonst? Gut als Topfpflanze. Idiotensicher selbst auszusäen und am Leben zu halten. Gewöhnungsbedürftiger Duft.

Stangen-Bohne

Botanisch: *Phaseolus vulgaris*
Mag es: Sonnig und braucht viel Wasser
Blüht: Juni bis August, Ernte Juli bis Oktober
Und sonst? Wächst schnell in die Höhe. Guter Sichtschutz. Sortenvielfalt.

Stockrose

Botanisch: *Alcea rosea*
Mag es: Sonnig mit durchlässigem Boden und windgeschützt
Blüht: Juni bis Ende September
Und sonst? Leichte Anzucht, säen sich aber auch selbst aus, manchmal sogar in Bodenritzen. Gefüllte und ungefüllte Formen.

Wiesenknopf

Botanisch: *Sanguisorba*
Mag es: Sonnig oder halbschattig, nicht zu trocken
Blüht: Juni bis August
Und sonst? Gute Füllstaude zwischen großblütigen Stauden. Blüten und Blätter mit Zieraspekt. Gute Insektenweide (auch auf Abb. rechts zu sehen).

Zinnien

Botanisch: *Zinnia*
Mag es: Sonnig auf nährstoffreichen Böden ohne Staunässe
Blüht: Juli bis Oktober
Und sonst? Blüht und blüht und blüht … unglaublich viele tolle Farben. Wächst schnell und ist anspruchslos.

Sterndolde

Botanisch: *Astrantia*
Mag es: Halbschattig auf nicht zu trockenen Böden
Blüht: Juni bis August
Und sonst? Sät sich selbst aus. Schöne Schnittblume. Sorten und Arten in Weiß über Rosa bis zu dunklem Rot.

Schwalbenwurz

Botanisch: *Vincetoxicum*
Mag es: Halbschattig bis schattig, nährstoffreiche Böden
Blüht: Juni bis August
Und sonst? Sehr zäh und pflegeleicht. Schöne Samenstände nach der üppigen sternchenförmigen Blüte.

Salomonssiegel

Botanisch: *Polygonatum*
Mag es: Halbschattig bei nährstoffreichen Böden
Blüht: Mai bis Juni
Und sonst? Färbt sich im Herbst gelb. Verträgt Trockenheit. Auffälliges Laub. Schön unter größeren Gehölzen. Giftig.

Leckeres aus dem Nutzgarten

Keine Lust mehr auf geschmackfreies Hochglanzgemüse aus

dem Supermarkt? »Probieren, statt studieren« heißt unser

Motto rund um Obst, Gemüse und Kräuter.

Gärtnern für den Magen

Wie und wo anfangen? Welche Arten kombinieren?

Offene Fragen, aber kein Grund zu Verzweifeln!

Ein Loblied auf den eigenen Gemüsegarten.

Gibt es eine Steigerung zu »selbst gekocht?« Aber hallo! »Selbst angebaut« ist wohl die wertvollste Auszeichnung, die ein Lebensmittel erhalten kann. Auch im kleinsten Garten und auf dem Balkon lassen sich Gemüse, Kräuter und sogar Obst kultivieren.

Jetzt gibt's was auf die Geschmacksknospen!

Lebensmittel sind im normalen Supermarkt schon fast unverschämt günstig. Warum also gestalten immer mehr Menschen ihre Fensterbank zum Gewächshaus um und verbringen ihre Freizeit damit, Erde umzugraben, Unkraut zu jagen und sich den Rücken zu verbiegen, um krumme Möhren zu ernten? Ganz einfach:

✪ Nichts geht über den Geschmack von Gemüse, das man aus Samen oder Jungpflanzen gezogen hat.

✪ »Saisonale Gerichte«, mit denen teure Restaurants hohe Preise rechtfertigen, stehen von nun an täglich auf dem Tisch.

✪ Und weil man weiß, wo und wie Obst, Gemüse und Kräuter aufgewachsen sind, kann man sicher sein, dass sie so ökologisch angebaut wurden, wie man es selbst gerne haben möchte.

✪ Viele wohlschmeckenden Obstsorten oder Gemüsearten sind selbst auf dem Wochenmarkt nicht oder nur schwer zu finden. Wer Vielfalt liebt, kann im eigenen Garten dazu beitragen, dass alte Kulturpflanzen nicht aussterben.

✪ Viele Gemüsepflanzen sind so schön, dass sie eine Zierde für jedes Staudenbeet sind. Setzt man die buntstieligen Mangoldsorten oder filigrane Fenchelpflanzen zwischen Blumen, ergibt sich ein wunderschönes Gartenbild – zum Ernten fast zu schade.

Damit die Motivation, eigenes Gemüse anzubauen, lange erhalten bleibt, beginnen Garten-Starter am besten mit Arten, die sich leicht kultivieren lassen und eine reiche Ernte abwerfen. Dazu gehören

- ✪ Stangenbohnen, weil sie gleichzeitig als Sichtschutz gezogen werden können
- ✪ Tomaten — vorausgesetzt, es gibt einen Standort, wo sie vor Regen geschützt stehen
- ✪ Radieschen, weil man sie direkt ins Beet säen kann
- ✪ Kartoffeln, weil sie sogar in Kübeln gedeihen
- ✪ Zucchini, weil man lange ernten kann
- ✪ Mangold, weil er schön aussieht und nach dem Schneiden neu austreibt
- ✪ Schnittsalate, weil man immer nur so viel ernten muss, wie man benötigt

Die beste Einstiegsdroge: Kräuter

Gewürz- und Heilpflanzen sind ideal für Garten-Starter. Kein Wunder, schließlich sind sie pflegeleicht und wahre Multitalente: Sie veredeln Gerichte, heilen Krankheiten und bezaubern mit aromatischen Düften. Viele der bei uns verwendeten Kräuter stammen aus südlichen Regionen und haben mehr oder minder ähnliche Ansprüche. Bis auf Minzen schätzen fast alle Kräuter einen sonnigen Standort, einen durchlässigen Boden und kommen mit vergleichsweise wenig Wasser und Nährstoffen aus. Ziehen Ende des Jahres die ersten Fröste auf, schneidet man die Kräuter kräftig zurück und kann die getrockneten Äste in der Küche verwenden.

Aroma-Therapie to go

Weil die meisten Kräuter von Natur aus kompakt wachsen, sind sie ideal für **Balkonkästen**. Dort stehen sie auf Nasenhöhe und lassen sich aus nächster Nähe genießen. Schon ein sanftes Streichen über Blätter und Triebe erfüllt die Luft mit zauberhaften Düften.

Unten Da Kräuter regelmäßig geschnitten werden müssen, kann man sich gut Vorräte anlegen. Dafür die Stiele zum Trocknen aufhängen, dann in Gläsern aufbewahren.

Mit Wow-Effekt: Essbare Blüten

Viele Pflanzen schmücken sich mit essbaren Blüten. Dass Gänseblümchen, Duftveilchen und Kapuzinerkresse dazugehören, ist bekannt. Ich dekoriere Salate und Suppen aber auch gerne mit Schnittlauch-Blütenbällen, blauen Borretsch-Sternen, Indianernessel-Blütenkringeln, weichen Rosenblättern oder den leuchtend orangen Blütenblättern der Ringelblume — natürlich aber nur aus Gärten, in denen biologisch gearbeitet wird.

Acht Aroma-
spender: Diese
Kräuter sind leicht
anzubauen, schnell
geerntet, vielseitig
zu verarbeiten
und unendlich
gesund.

Rosmarin

Nutzen: In der Küche zu Ofenkartoffeln, mediterranen Speisen, Lammgerichten. Ganze Triebe ins Badewasser: wirken anregend.
Ernten: Nadelige Blätter oder Spitzen zupfen. Triebe bündeln und zum Trocknen aufhängen.
Pflegen: Nicht winterhart, daher hell und kühl überwintern

Basilikum

Nutzen: Zu italienischen Gerichten (Pesto!). Frisch verwenden, nicht mitkochen.
Ernten: Ganze Blätter oder Triebspitzen
Pflegen: Regelmäßig zurückschneiden, sonst beginnt er zu blühen. Einjährig, daher jedes Jahr neu aussäen.

Oregano

Nutzen: Universal einsetzbar zu Fleisch, Nudeln, Pizza … Aroma wird durch Hitze intensiver.
Ernten: Ganze Triebe kurz vor der Blüte schneiden
Pflegen: Am sonnigen Standort kaum zu stoppen. Winterhart. Im Frühjahr auf etwa zehn Zentimeter Höhe zurückschneiden.

Petersilie

Nutzen: Lecker zu Kartoffeln, Suppen, Salaten, Mediterranem
Ernten: Ganze Blätter mit wenigen Stängeln. Treibt anschließend wieder neu aus.
Pflegen: Gut winterhart, allerdings nur zweijährig. Starkzehrer, daher bei Neuausaat oder Nachpflanzen Standort wechseln.

Bohnenkraut

Nutzen: Zu Lamm, Hülsenfrüchten, Ofenkartoffeln
Ernten: Triebspitzen, etwa vier bis acht Zentimeter lang
Pflegen: Lieber zu trocken als zu nass stellen. Winter-Bohnenkraut übersteht auch in Töpfen den Winter im Freien. Sommer-Bohnenkraut ist einjährig.

Minze

Nutzen: Für Tees, Nachspeisen und Mojito, aber auch für Bäder
Ernten: Frische Blätter zupfen
Pflegen: An einem sonnigen Platz muss sie ausreichend gegossen werden. Neigt dazu, sich auszubreiten, in kleinen Gärten daher achtsam sein. Winterhart und gut für Topfgärten geeignet.

Salbei

Nutzen: Zu Nudeln, Fleischgerichten und als Tee
Ernten: Ganze Blätter ernten
Pflegen: Überwintern im Freien unproblematisch. Im Topf sind sie allerdings für einen geschützten Standort dankbar. Rückschnitt ins alte Holz wird nur schlecht vertragen.

Zitronenverbene

Nutzen: Dank zitronig-frischem Aroma gut zu Fisch, als Tee, in Bowle oder Cocktails
Ernten: Blätter oder Triebspitzen schneiden. Gut zu trocknen.
Pflegen: Sonnigen Standort wählen und regelmäßig gießen. Nicht winterhart, daher an einem hellen, kühlen Ort überwintern.

Einen Gemüsegarten anlegen – wie geht das?

Von zwei Dingen kann Gemüse nicht genug bekommen: Sonne und Wasser. Je mehr, desto besser! Als erstes heißt es also, ein Fleckchen im Garten zu finden, das möglichst den ganzen Tag Sonne abbekommt. Viele Gemüsearten würden zwar mit weniger Licht überleben, aber im Gemüsegarten zählt das Ergebnis — sprich, die Ernte. Und die fällt umso größer aus, je sonniger der Standort ist. Gehölze in der näheren Umgebung haben den Nachteil, dass sie mit ihren weit verzweigten Wurzeln so schnell Wasser wegsaugen, dass Möhre und

> **»Ein Gemüsegarten ist arbeitsintensiv. Aber wo sonst genießt man die Früchte seiner Arbeit so unmittelbar?«**

Mangold keine Chance haben, an den mineralienreichen Powerdrink zu kommen. Positiv wirkt sich außerdem ein geschützter Standort aus. Also einer, an dem Wind und Kälteströmungen dem Gemüse nichts anhaben. Ist dieser nicht zu finden, schafft man mit selbst geflochtenen Weidenzäunen, einem Rankgitter mit Kletterpflanzen oder einer Reihe Beerensträucher Abhilfe.

Hat man sich für einen Standort entschieden, beginnt man mit den **Bodenvorbereitungen**. Waren auf der Fläche schon Beete angelegt, entfernt man die Unkräuter sorgfältig. Soll eine Rasenfläche in einen Gemüsegarten umgewandelt werden, geht man wie auf → **Seite 84** beschrieben vor. Um die Gemüsepflanzen mit Wasser, Nährstoffen und Licht zu versorgen, sät man anschließend eine **Gründüngung** auf die vorbereitete Fläche. Bienenfreund, Ringelblume oder Tagetes sehen schön aus, Leguminosen wie Lupinen oder Sommerwicken haben die Fähigkeit, Stickstoff aus der Luft zu sammeln und in Wurzelknöllchen zu speichern. Stickstoff ist der

wichtigste Pflanzennährstoff, dadurch haben die Gemüsepflanzen einen optimalen Start. Im Winter sterben die Gründüngungspflanzen ab. Die Wurzeln hinterlassen einen lockeren Boden, das Laub wird beim Einarbeiten von Kompost untergeharkt. So entsteht ganz ohne Umgraben eine lockere und krümelige Beetfläche. Positiver Nebeneffekt: Das Bodengefüge bleibt erhalten.

Rund ums Jahr gut zu tun

Ein Gemüsegarten ist definitiv der arbeitsintensivste Gartentyp. Rund ums Jahr gibt es etwas zu tun. Wenn Staudengärtner ihre Lieblinge noch unter einer dicken Schneedecke geschützt wissen, beginnt der Gemüsegärtner mit der Aussaat auf dem Fensterbrett. Übers Jahr müssen regelmäßig neue Pflanzen ausgesät, Sämlinge vereinzelt, Unkraut mit der Hand gezogen, die Reihen gehackt, frisch aufgegangene Saat pikiert, Jungpflanzen gewässert und bis in den Winter hinein Reifes geerntet werden.

Wie viel Zeit man im Gemüsegarten verbringt, ist abhängig von der Fläche und dem persönlichen Anspruch: will man Dinge ausprobieren oder sich nur noch von eigenem Gemüse ernähren? Für ein kleines Beet, in dem man die ersten Schritte wagt, reichen dreimal die Woche etwa 20 Minuten. Selbstversorger sollten ihren Gemüsegarten etwa zwei Stunden bearbeiten — und das täglich. Wer weniger Zeit mit Unkraut jäten und Gießen verbringen möchte, legt zwischen die Gemüsepflanzen große Blätter von Rhabarber oder Beinwell-Pflanzen. Die Schicht sorgt dafür, dass der Boden langsamer austrocknet und weniger Unkraut wächst. Zwischen jungen Tomaten erreicht man mit Salatpflanzen den gleichen Effekt und man kann auf der Fläche gleich doppelt ernten.

Rechts Frühe Möhrensorten holt man Mitte Mai aus dem Boden. Auf einem Beet von zwei Metern Länge kann man etwa drei Kilo Möhren ernten.

In Reih und Glied: Planung im Gemüsegarten

Bevor es was zum Ernten gibt, muss auch im Gemüsegarten Arbeit verrichtet werden. Zuerst stellt man einen Beetplan auf und überlegt, welche Gemüsekulturen in Zukunft auf dem Speiseplan stehen sollen.

Ein Beet, mehrere Kulturen

Im Gegensatz zum Ziergarten kann man ein und dieselbe Fläche in einer Saison mehrmals bepflanzen. Die Kultur, die am längsten auf dem Beet stehen wird, nennt man **Hauptkultur**. Je nachdem, ab wann sie das Beet belegt und wann sie geerntet wird, kann man vor- sowie hinterher sogenannte **Vor- und Nachkulturen** pflanzen oder aussäen. Auf einer Fläche, auf der im Sommer Kartoffeln standen, kann man nach der Ernte Feldsalat säen oder Erdbeeren pflanzen. Auf einem Beet, wo man später Zwiebeln stecken will, kann man im zeitigen Frühjahr schon einen Schwung Radieschen ernten. Nach Spinat kann Grünkohl gepflanzt werden, nach Kohlrabi Kopfsalat …

Erst die Starken, dann die Schwachen

Immer nur auf eine Pflanzenkombination zu setzen, wäre aber nicht nur für den Magen ziemlich unbefriedigend. Mit einer abwechslungsreichen Bepflanzung kann neben Langeweile auf dem Speiseplan mehreres verhindert werden: Das Auslaugen des Bodens, das Auswaschen von Nährstoffen, die die Pflanzen nicht verbraucht haben, ins Grundwasser sowie das Ansiedeln von Krankheiten. Dafür bepflanzt man die Beete in einem rotierenden System: im ersten Jahr mit Starkzehrern, im zweiten

Links Mangold sät man ab März direkt im Beet aus oder man hat ihn auf der Fensterbank vorgezogen. Zwischen den Pflanzen lässt man etwa 30 Zentimeter Platz.

mit Mittelzehrern und im dritten mit Schwachzehrern. Im vierten Jahr beginnt der Kreislauf von vorne. Aber auch eine zwei- oder vierjährige Fruchtfolge ist denkbar. Die Starkzehrer brauchen am meisten Nährstoffe, die anderen kommen mit dem aus, was sie an Nährstoffen in der Erde hinterlassen haben.

- ✪ Zu den **Starkzehrern** gehören: alle Kohlarten, Gurken, Kartoffeln, Porree, Zucchini und Kürbis. Sie brauchen ein mit Kompost und organischem Dünger vorbereitetes Beet.
- ✪ **Mittelzehrer** sind: Zwiebeln, Knoblauch, Möhren, Salate, Radieschen oder Kohlrabi. Für sie genügt es, etwas Kompost auf dem Beet auszubringen.
- ✪ Alle **Schwachzehrer** wie Bohnen, Erbsen oder Kräuter benötigen — wenn überhaupt — kleine Kompostgaben. Leguminosen, also Hülsenfrüchte, reichern den Boden sogar mit Stickstoff an.

Zu welcher Gruppe das Wunschgemüse gehört, erfährt man auf den Samentüten oder beim Jungpflanzenkauf. Zur Orientierung kann man sich die Größe der Pflanzen vor Augen halten: Je größer, desto hungriger …

Klein anfangen, statt überfordern

Damit der Gemüsegarten nicht zum Stressfaktor wird, können Garten-Starter sich zunächst auf wenige Kulturen beschränken. Der Spaß kommt bei der Arbeit und Schritt für Schritt füllt sich die Theorie mit Leben. Für den Anfang reicht ein einzelnes Beet, auf dem man verschiedenes ausprobiert. Der Zeitaufwand bleibt überschaubar und man kann in den folgenden Jahren nach und nach die Fläche vergrößern und neue Gemüsearten dazunehmen.

Oben Kohlrabi kann man gut zwischen andere Gemüsearten wie Salat oder Sellerie setzen.
Unten Je besser der Boden, desto süßer die Möhre. Sie brauchen viel Kali und gedeihen in humusreichem, lockerem Boden besser als in schwerem Lehm.

Fast Food mal anders: Diese Gemüsearten sind auch für Garten-Starter leicht anzubauen und zu ernten. Das ist so lecker, dass sie ruckzuck verspeist sind.

Kürbis

Erntereif: Oktober. Der Stiel muss trocken und holzig sein.
Pflege: Gut düngen. Eventuell Stroh unter die Früchte legen.
Besonderheiten: Guter Bodendecker. Leicht selbst auszusäen. Riesige Sortenvielfalt, darunter auch nicht essbare Zierformen. Anfällig für Schnecken.

Möhre

Erntereif: Ab Mai
Pflege: Nach dem Aufgehen der Samen vereinzeln. Ein Netz hält die Möhrenfliege ab.
Besonderheiten: Direkt ins Beet säen. Sorten nach gewünschtem Erntezeitpunkt wählen. Auch bunte Sorten (weiß, gelb, violett) erhältlich.

Zucchini

Erntereif: Ab Juli. Kleinere Früchte schmecken besser.
Pflege: Ab April auf der Fensterbank vorziehen, ab Mai ins Freiland setzen. Viel gießen.
Besonderheiten: Essbare Blüten. Eine Pflanze kann kiloweise Ernte bringen. Gelbe und kugelförmige Sorten im Handel.

Bohne

Erntereif: Juli bis September. Die Schoten sollten noch keine Wölbungen von den Kernen haben.
Pflege: Direkt ins Beet säen. Prunk- und Stangenbohnen brauchen eine hohe Rankhilfe. Keine Düngung nötig.
Besonderheiten: Viele alte, teilweise bunte Sorten erhältlich

Tomate

Erntereif: Mitte Juli bis Ende September
Pflege: Starkzehrer. Unter einem Dach oder im Gewächshaus ziehen. Viel gießen. Seitentriebe regelmäßig ausgeizen.
Besonderheiten: Grün gebliebene Früchte an einem warmen Ort nachreifen lassen

Radieschen

Erntereif: April bis September, je nach Aussaattermin
Pflege: In mehreren Sätzen aussäen, dann hat man länger etwas zu ernten. Eventuell vereinzeln.
Besonderheiten: Auch weiße und violette Sorten erhältlich. Samenschoten und Blätter sind ebenfalls essbar.

Paprika

Erntereif: Mitte Juli bis Oktober. Der Stiel der Früchte muss leicht knacken.
Pflege: Starkzehrer und sonnenhungrig. Gute Ernte nur im Gewächshaus oder auf dem geschützten Balkon.
Besonderheiten: Leicht selbst auszusäen.

Mangold

Erntereif: Ab Mai bis zum Frost. Nach der Ernte in Wasser stellen.
Pflege: Direkt ins Beet säen oder auf der Fensterbank vorziehen. Treibt nach dem Schneiden wieder neu aus.
Besonderheiten: Sorten mit bunten Stielen erhältlich. Passt auch ins Blumenbeet.

Fast wie im Schlaraffenland: Durch den Garten schlendern, Früchte pflücken, genießen. Diese Obstsorten sollten in keinem Garten fehlen.

Apfel

Ernten: Je nach Sorte zwischen Juli und Oktober. Einige Sorten schmecken erst, wenn sie nach der Ernte einige Wochen bis Monate gelegen haben.
Im Garten: Lieber kühl als zu sonnig pflanzen. Nicht alle Sorten befruchten sich gegenseitig, daher mehrere Bäume pflanzen.

Brombeere

Ernten: Ab Juli, je nach Sorte bis zum ersten Frost
Im Garten: Benötigt ein Rankgerüst, an dem man die Triebe waagerecht führt. Die Früchte wachsen an den Trieben aus dem letzten Jahr. Abgeerntete Ruten an der Basis abschneiden.

Rote Johannisbeere

Ernten: Ende Juni. Sorten mit weißen Früchten werden von Vögeln nicht geräubert.
Im Garten: Sonniger bis halbschattiger Standort. Die schönsten Früchte tragen Johannisbeeren am diesjährigen Holz. Jährlich zurückschneiden, wobei man ältere Triebe entfernt.

Mirabelle

Ernten: Mitte August. Die Früchte sind nicht sehr lagerfähig, daher schnell verarbeiten.
Im Garten: Nach der Ernte zurückschneiden, da die Bäume dazu neigen, dichtes Astwerk zu bilden. Trägt im zeitigen Frühjahr wunderschöne Blüten.

Kiwi

Ernten: Ende September. Trägt meist sehr üppig.
Im Garten: Braucht einen sonnigen Standort. Kletterpflanze, die bis zu vier Meter hoch wächst. Immer je eine weibliche und eine männliche Pflanze setzen. Selbstfruchtende Sorten tragen schlechter.

Himbeere

Ernten: Sommer-Himbeere ab Juni, Herbst-Himbeere ab August
Im Garten: Ruten an gespannten Drähten festbinden. Rückschnitt im Herbst: bei späten Sorten komplett, bei frühen Sorten nur die Triebe, die in diesem Jahr getragen haben. Wurzeln durch Mulchen vor Austrocknen schützen.

Erdbeere

Ernten: Je nach Sorte Anfang Juni bis August
Im Garten: Mag es sonnig, aber feucht. Nach der Ernte komplett zurückschneiden und Ausläufer entfernen. Nicht länger als zwei Jahre dieselben Pflanzen ernten und dasselbe Beet benutzen.

Wein

Ernten: Je nach Sorte ab August bis Oktober
Im Garten: Sorte wählen, die zur Klimazone passt. So sonnig und geschützt wie möglich pflanzen (Hauswand). Im Sommer Triebe ohne Fruchtansatz schneiden. Im Frühjahr alle Triebe auf zwei Augen einkürzen.

Das Auge isst mit: Gemüse – nicht nur lecker, sondern schön

Wie den Rest des Gartens kann man auch den Bereich, der dem Gemüse vorbehalten ist, nach seinem eigenen Geschmack gestalten.

Klassisch oder unkonventionell?

Die klassischen Vorbilder haben buchsgerahmte Beete und schnurgerade Wege, bei der Permakultur wachsen die Gemüsearten wie in einem Wald durcheinander. Will man Genuss und attraktiven Anblick kombinieren, setzt man Gemüsearten gemäß ihrer Eigenschaften ein: Warum soll der Zaun zum Nachbargrundstück nicht als Rankhilfe für die Stangenbohnen dienen? Oder der Kürbis seine langen Ranken durchs Staudenbeet schlängeln? Der rotlaubige Grünkohl einen Platz zwischen den Stauden finden? Oder einzelne Porreepflanzen zur Blüte

kommen dürfen? Schließlich sind die weißen Bälle eine Zierde für jeden Garten. Vielfalt kann man auch mit Sorten in außergewöhnlichen Farben ins Gemüsebeet bringen. Es gibt blaue oder gefleckte Bohnen, Minarett-Blumenkohl, gestreifte oder interessant geformte Tomaten, Salate mit unterschiedlichen Blattfarben. Auch wer nur ein Gemüsebeet hat, braucht auf diesen Effekt nicht zu verzichten: Er kann verschiedenfarbige Sorten von einer Art anpflanzen. Schließlich bleibt Tomate Tomate und Salat Salat, sprich: Die Pflege bleibt die gleiche, nur das Aussehen des Gemüsegartens wird bunter. Wichtig ist nur, dass die Beete so bemessen und die Pflanzen so platziert sind, dass man sie von allen Seiten gut bearbeiten und beernten kann.

Wege: im Gänsemarsch durchs Gemüse

Apropos bearbeiten: Ohne Wege geht im Gemüsegarten nichts. Man kann sie aus Pflastersteinen gestalten, die man als durchgängige Streifen zwischen den Beeten verlegt oder einzeln als Trittstufen verwendet. Erstere sind aufwendiger anzulegen, aber leichter sauber zu halten. Auch Holzbretter sieht man gelegentlich zwischen Gemüsebeeten. Der Vorteil ist, dass sie leicht zu transportieren und auszulegen sind. Außerdem verkriechen sich Schnecken gerne darunter und man kann sie so gut absammeln. Allerdings wird Holz bei Nässe oder in Verbindung mit Lehm glatt und rutschig. Holzhäcksel oder Kies sehen zwar schön aus, sind für den Gemüsegarten aber nur dann eine gute Wahl, wenn Beete und Wege durch stabile Kanten getrennt sind. Sonst wandern die feinen Teile nach und nach Richtung Beet und stören später beim Unkraut jäten oder beim Lockern des Bodens. Als Kanten kann man Bretter am Weg entlang bis zur Hälfte in die Erde versenken.

Links Ein kleiner Schritt für die Menschheit, aber ein großes Ereignis für den Garten-Starter. Ein neues Gemüsebeet muss nicht groß sein, um Vieles auszuprobieren.

Schön gerahmt: Beetkanten

Es muss ja nicht immer eine akkurat geschnittene Mini-buchshecke sein, die als Einfassung für den Gemüsegar-ten dient. Mindestens genauso gut eignen sich Schnitt-lauch, Heiligenkraut *(Santolina)*, Zwerg-Ysop *(Hyssopus officinalis)* oder andere buschig wachsende Kräuter. Schließlich passt Essbares doch viel besser zum Gemü-segarten, als der gewöhnungsbedürftig riechende Buchs. Wer gerne bastelt, flechtet kleine Weidenzäune oder steckt Weinflaschen kopfüber in die Erde.

Beetkanten sind übrigens nicht nur gedacht, um den An-blick des Gemüsegartens zu verschönern. Sie trennen Rasen und Beetfläche voneinander und verhindern, dass Gräser die mühsam freigelegte Erde zurückerobern. Im Fachhandel findet man Beetkanten, die **Schnecken** ab-halten sollen: Ihre Oberkanten sind so gebogen, dass die Tiere sie nicht überwinden können.

»Warum soll der Zaun zum Nach-bargrundstück nicht als Rankhilfe für die Stangenbohnen dienen?«

Alternative Pflanzideen

Viele Gemüsearten gedeihen auch im Kübel wunderbar. Es gibt sogar extra Sorten, die mit wenig Platz auskom-men oder außergewöhnlich geformte und gefärbte Früchte tragen. Dazu gehören gelbe Zucchini, gelbe oder gestreifte Tomatensorten, und natürlich der buntblättrige Mangold. So kann man mehrere Gemüse- und Kräuter-pflanzen wie Tomaten, Gurken und Kräuter kombinieren.

Unten Ein solcher Zaun ist schnell aus dünnen Zweigen geflochten. Allerdings hält er meist nur eine Gartensaison und dient eher dekorativen Zwecken – das aber gekonnt!

Erntehelfer: Nützliche Werkzeuge und praktische Tipps

Wer sein Gemüse liebevoll und regelmäßig gepflegt hat, kann irgendwann den Lohn für alle Mühen einfahren. Es gibt weniges, was so glücklich macht wie frisch gezogene, mit Erdkrümeln bedeckte Möhren, glänzende Tomaten oder knallrote Radieschen aus dem eigenen Garten.

Geräte für Ernte und Pflege

Druckstellen oder Risse sollte man bei allen Gemüsearten vermeiden, die Früchte sind dann weniger lange haltbar. Vorsichtiges Ernten ist also angesagt. Für viele Arten braucht man kein Werkzeug: Tomaten, Erbsen und

Bohnen knickt man den Fruchtstiel ab, Radieschen, Zwiebeln und Knoblauch zieht man am Laub aus der Erde. Porree, Kartoffeln und Möhren sitzen meist fest im Boden, dann lockert man diesen mit einer Grabegabel. Für Zucchini, Paprika und Gurken nimmt man ein Messer zur Hand, mit dem man den Stiel durchtrennt. Geschnitten werden außerdem Kopfsalate (zwei bis drei Blattschichten auf dem Beet lassen, sie sind meist sehr erdig), Mangold (die äußeren Stängel einige Zentimeter über dem Boden), Fenchel (unterhalb der Knolle) oder Feldsalat (knapp unterhalb der Pflanzenbasis, sodass die Büschel zusammenbleiben). Kohlrabi, Brokkoli, Blumen- oder Grünkohl sind robuster, hier kann man getrost mit der Rosenschere zu Werke gehen. Zum Sammeln und Wegtragen der Ernte eignen sich Behältnisse, die gut zu

Unten Kräuter mit großen Blättern schneidet man möglichst früh am Morgen. Die Stängel kann man frisch verwenden oder zum Trocknen aufhängen.

Unten Die Duftwolken, die bei der Kräuterernte freigesetzt werden, machen gute Laune. Nach einem radikalen Rückschnitt treiben Kräuter wieder frisch aus.

tragen und leicht zu reinigen sind. Als praktisch haben sich Körbe oder Kisten herausgestellt. Weitere empfehlenswerte Geräte für Gemüsegärtner sind

- ✪ Spaten oder Grabegabel zum Einarbeiten von Dünger und Kompost in den Boden
- ✪ Schubkarre für Transporte aller Art
- ✪ Rechen zum Absammeln von Steinen, Zerkleinern von Erdklumpen und Ebnen der Beete
- ✪ Handschaufel zum Pflanzen

Gemüse ernten, aber wann?

»Ich probier' mal, ob die Tomaten schon reif sind …« ist in der Tat eine prima Ausrede für das heimliche Naschen der roten Früchte – und tatsächlich die beste Strategie, um herauszufinden, ob man mit der Ernte starten kann. Schon im nächsten Jahr erkennt man bei vielen Arten dann am Aussehen, ob der große Tag gekommen ist oder man noch etwas Geduld haben muss.

Für den richtigen Zeitpunkt der Ernte gibt es mehrere Theorien. Ernährungswissenschaftlich gesehen ist der Abend sinnvoll. Dann hat das Sonnenlicht das meiste Nitrat in den Pflanzen abgebaut. Allerdings ist gerade im Sommer das Gemüse dann schon recht schlapp und dadurch weniger lange haltbar. Im Hausgarten ist es empfehlenswert mit organischen Düngern zu arbeiten. Dadurch kommt es zu geringeren Nitratgehalten als in Gemüse aus Intensiv-Anbau. Als guter Kompromiss hat es sich erwiesen, die meisten Arten morgens, wenn sie noch taufrisch und prall sind, zu ernten. Bei Spinat oder Rucola kann man die Ernte auf abends verschieben, da sie viel Nitrat einlagern. An Wintertagen mit Frost muss man warten, bis die Oberfläche der Blätter aufgetaut ist. Die Pflanzen sind sonst nur sehr schlecht haltbar.

Rechts   Bei vielen Gemüsearten lohnt es sich, in mehreren Sätzen, also zu verschiedenen Terminen zu pflanzen oder zu säen. So kann man mehrere Wochen am Stück ernten.

Mischkultur: Mit Artenvielfalt zu gesundem Gemüse

Auch bei den Überlegungen rund um den Gemüsegarten lohnt der Blick in die Natur. Dort leben die unterschiedlichsten Arten auf engem Raum zusammen. Die Großen beschatten die Kleinen und halten den Wind ab, die Niedrigen verhindern, dass Wasser aus dem Boden verdunstet. Warum sollte man so ein durchdachtes System nicht auf den Garten übertragen? Wo viele verschiedene Pflanzen aufeinandertreffen, haben nützliche Insekten es leichter, passende Nahrung und ein Winterquartier zu finden. So weit, so vorstell- bzw. beobachtbar, so gut. Nun hat man aber herausgefunden, dass manche Pflanzen aktiv **Schädlinge** vertreiben oder zumindest verwirren, indem sie Düfte oder Wurzelstoffe ausscheiden. Wie genau die Pflanzen dabei agieren, wird noch erforscht. Die positive Wirkung ist aber schon lange bekannt und wird von vielen erfahrenen Gärtnern genutzt, um das Gemüse gesund zu halten. So sollen Salatpflanzen verhindern, dass Erdflöhe junge Kohlpflanzen und Radieschen malträtieren; Majoran scheint wiederum Ameisen zu vertreiben, Lauch und Zwiebeln die Möhrenfliege und Senfsaat, Zwiebeln oder Knoblauch sogar die unliebsamen Schnecken.

Gute Partner für Wachstum und Geschmack

Andere Pflanzen sorgen dafür, dass der Beetnachbar kräftiger und gesünder wächst. Man hat sogar beobach-

Unten Wo ständig wechselnde Gemüsekulturen angebaut werden, wird der Boden nie einseitig ausgelaugt und bringt jedes Jahr eine gute Ernte hervor.

Unten Studentenblumen (*Tagetes*) werden oft als Oma-Pflanzen belächelt. Dabei schützen sie vor Bodenmüdigkeit und halten Nematoden von den Nachbarpflanzen fern.

tet, dass sich bei solchen Pflanzen die Wurzelsysteme verflechten, gerade so als ob sie bewusst deren Nähe suchen. Erfolgversprechende Kombinationen sind Möhren und Erbsen, Sellerie und Blumenkohl oder Petersilie und Tomaten. Eine entsprechende Zusammenstellung von Pflanzen kann sogar dazu führen, dass sie gegenseitig als »Geschmacksverstärker« wirken. So werden Möhren besonders aromatisch, wenn man Dill zwischen sie setzt, Kartoffeln werden richtig schmackhaft, wenn man Kümmel oder Koriander dazwischen sät.

Ganz im Sinne des naturnahen Gärtnerns profitieren bei einer Mischkultur aber nicht nur die Pflanzen. Würde man eine Art jahrelang auf dem gleichen Standort anbauen, so wäre der Boden dort einseitig ausgelaugt. Man spricht dann von Bodenmüdigkeit. In einer ausge-

»Baut man bestimmte Pflanzen nebeneinander an, verändert sich deren Geschmack.«

klügelten Mischkultur werden die Ansprüche der Pflanzen berücksichtigt — denn jede Art braucht zu einem anderen Zeitpunkt bestimmte Nährstoffe oder hinterlässt sogar mehr davon im Boden, wie zum Beispiel die Hülsenfrüchte. Nicht zuletzt profitiert auch der Mensch von der Mischkultur. Eine gemischt bepflanzte Fläche sieht nicht nur schön aus. Lebt man nicht als Selbstversorger, braucht man von den einzelnen Gemüsearten meist nur eine begrenzte Menge. Stehen mehrere Arten auf dem Beet, beugt das der Langeweile auf dem Speiseplan vor.

Rund um die Mischkultur sammeln Menschen schon seit vielen Jahren Erfahrungen. Bekannt sind Getrud Franck und Schwester Christa Weinrich, ihre Bücher gelten immer noch als Standardwerke. Natürlich ist es sinnvoll, von diesen Vorbildern zu lernen. Ebenso wichtig ist es jedoch, die Augen offenzuhalten und im eigenen Gar-

ten zu beobachten, auf welche Art sich die Pflanzen beeinflussen. Als Garten-Starter achtet man erst einmal darauf, ungünstige Paarungen zu vermeiden. Dazu gehören Salat neben Petersilie; Fenchel oder Erbsen neben Tomate; Bohnen oder Kohl neben Zwiebel sowie Sonnenblumen neben Kartoffeln. Was sich positiv auswirkt, entdeckt man mit den Jahren.

5 blühende Helfer für gute Ernte

Diese Pflanzen tun dem Gemüsegarten doppelt gut. Ich mag ihre Blüte und sie haben eine positive Wirkung auf die Gemüseernte:

→ Ringelblume (Calendula officinalis): Stärkt Tomaten, aber auch Himbeersträucher und diverse Kohlarten.

→ Studentenblume (Tagetes): Eigentlich alle Obst- und Gemüsearten profitieren, wenn sie in direkter Nachbarschaft steht.

→ Duftveilchen (Viola odorata): Verhilft Erdbeeren zu besonderem Geschmack. Sie ist gut geeignet, um die Erde unter Obstbäumen zu bedecken und Marienkäfer anzulocken.

→ Maiglöckchen (Convallaria majalis): Soll wie Waldmeister Obstbäume fruchtbar und widerstandsfähig machen.

→ Duft-Geranien (Pelargonium): Bei den Menschen scheiden sich die Geister, wie angenehm der Duft der Zierpflanze ist. Stellt man sie ins Gewächshaus, vertreibt sie dort die Weiße Fliege.

Bio bitte! Gärtnern mit der Natur

Gärtnern ohne Pflanzenschutzmittel, geht das überhaupt? Gute Argumente und praktische Tipps für Gärtner, denen die Natur am Herzen liegt.

»Bio« und »Garten« gehören einfach zusammen, schließlich heißt »Bio« — »Leben« und mit einem Garten schafft man einen Ort, in dem Pflanzen, Tiere und Menschen zusammenleben. Harmonisch natürlich …

Treffpunkt Biogarten: gemeinsam stark

Was nützt die schönste Rose und die dickste Kartoffel, wenn sie nur mit Kunstdünger und chemischen Pflanzenschutzmitteln am Leben zu halten ist? In einem naturnahen Garten gibt jeder sein Bestes: Der Mensch schafft gute Bedingungen für Pflanzen und Tiere. Die Pflanzen bieten den Tieren Nahrung und Unterschlupf und die Tiere befruchten die Pflanzen, sodass der Garten jedes Jahr aufs Neue erblüht. Wer einen Garten pflegt, übernimmt die Verantwortung für ein Stück Natur.

Er kann ihn nach eigenem Gusto gestalten, sollte sich dabei aber immer bewusst sein, dass sein Verhalten nicht nur auf das eigene Grün Einfluss hat, sondern auf ein ganzes Ökosystem aus Boden, Wasser, Luft, Pflanzen und Tieren. Und da man nur in den wenigsten Fällen darauf angewiesen ist, von den Erträgen des Hausgartens zu leben, wäre Hochleistungsdenken hier fehl am Platz.

Das Klischee vom wilden bis chaotischen Biogarten ist längst überholt. Einem Garten sieht man nicht unbedingt auf den ersten Blick an, dass er biologisch bewirtschaftet wird. Entscheidend ist die Einstellung, mit der man als Hobbygärtner der Natur begegnet:

✪ Wählt man Pflanzen, die mit den Standortbedingungen im Garten klarkommen, statt mit »Ich will aber!«-Intention zu gärtnern, kann man auf Pflanzenschutzmittel — oft sogar auf Dünger — verzichten.

✪ Torf ist kostbar und nur für Moorbeetpflanzen wie Rhododendren oder Heidelbeeren notwendig. Wer torffreie oder -arme Blumenerden wählt, schützt wertvolle Moore.

✪ Ein Gänseblümchen im Rasen kann man als Unkraut, aber auch als Zierde betrachten. Die zweite Strategie spart Stress, Arbeit und Zeit.

✪ Wer partout nicht auf Pflanzenschutzmittel verzichten möchte oder einen Notfall hat, findet im Fachhandel biologische Alternativen.

✪ Ein trockener Sommer geht richtig ins Geld, wenn Rasen und Beete mit Leitungswasser versorgt werden müssen. Schon wenige Quadratmeter Dachfläche, eine Regenrinne und eine Tonne reichen, um mehrere tausend Liter Wasser im Jahr zu sparen.

✪ Düngemittel lassen sich die Hersteller gut bezahlen. Wer einen Komposthaufen anlegt (eine ausführliche Anleitung gibt es auf → **Seite 118**) und Laub nicht entsorgt, sondern in dünnen Schichten auf den Beeten verteilt, bekommt Nährstoffe gratis.

✪ Gerade in Städten ist es für Tiere schwer, Lebensräume zu finden. Die Natur wird immer stärker zurückgedrängt, die Gärten gleichen eher mit der Pinzette gepflegten Flächen als der Natur. Je vielfältiger die Bedingungen sind, die in einem Garten herrschen, desto mehr Tiere finden dort einen Lebensraum. Es lohnt sich, Totholzstapel anzulegen und versteckt liegende Gartenecken verwildern zu lassen. Schon ein kleiner Teich erhöht die Attraktivität des Gartens für Amphibien und Insekten.

Unten Wenn »der Wurm drin ist«, meint man damit im Allgemeinen nichts Gutes. Dem Regenwurm tut man damit Unrecht. Wo er unterwegs ist, ist der Boden fruchtbar.

Unten Wo Blüten sind, da sind auch Bienen. In solchen Blumenmischungen wohnen und nisten Wildtiere und Insekten, viele von ihnen sind nützliche Gartenhelfer.

Selber machen statt kaufen: Pflanzen schützen und stärken

Was passt besser zum Garten, als auf die Prinzipien der Naturheilkunde zu vertrauen — also die wertvollen Inhaltsstoffe von Blättern, Blüten und Stängeln als »Pusher« fürs pflanzliche Immunsystem zu nutzen. Diese Mittel düngen und stärken Pflanzen und sind einfach und günstig herzustellen:

✪ Tees: Pflanzenteile in Wasser kochen
✪ Brühen: Pflanzen einweichen, dann kochen
✪ Jauchen: Pflanzen in Wasser ziehen lassen

Ein Allround-Mittel ist **Brennnesseljauche**. Sie ist ein stickstoffreicher Dünger, fördert das Pflanzenwachstum und lockt Regenwürmer in den Boden.

1 Die Utensilien bereitlegen

Stelle einen Bottich oder Eimer aus Kunststoff oder Holz mit mindestens zehn Litern Volumen an einem nicht zu sonnigen Platz so auf, dass er stabil steht. Leg ein Stück Drahtgitter zum Abdecken des Gefäßes sowie einen Stock zum Umrühren der Jauche bereit. Als Zutaten brauchst du Brennnesseln, Gesteinsmehl und Wasser. Am besten lässt du in einer Gartenecke einige Brennnesseln wachsen, dann kannst du jederzeit loslegen.

2 Die Brennnesseln in das Gefäß geben

Pro zehn Liter Wasser brauchst du ein Kilo frische, nicht blühende und kleingeschnittene Brennnesseln und eine Handvoll Gesteinsmehl. Gib beides in das Gefäß. Die Pflanzenteile sollten locker darin liegen.

3 Die Mischung rühren und verwenden

Anschließend füllst du das Gefäß mit Wasser, rührst die Mischung mit dem Stab kräftig um und deckst das Gefäß mit dem Rost ab. Nach 24 Stunden ist das Kraut zusammengefallen. Die Flüssigkeit kannst du dann schon gegen Blattläuse verwenden. Dafür seihst du die Pflanzenteile ab und sprühst die Flüssigkeit auf die befallenen Pflanzen. Das Gesteinsmehl vermindert den Gärgeruch. Trotzdem Handschuhe tragen, der Geruch ist hartnäckig.

4 Die Mischung ziehen lassen

Ein bis drei Wochen lässt du das Gefäß mit dem Gitter abgedeckt im Garten stehen und lässt die Natur für dich arbeiten. Alles, was du tun musst, ist die Mischung einmal täglich umzurühren. Das Brennnesselkraut wird weich und setzt sich am Boden ab, die Flüssigkeit wird dunkel. Entsteht kein Schaum mehr, hat die Mischung aufgehört zu gären und du seihst die Pflanzenteile ab. Die Jauche kannst du nun abdecken und das ganze Jahr als Dünger und zur Pflanzenstärkung verwenden. Dafür mischt du sie im Verhältnis 1:10 mit Wasser.

Pflanzen helfen Pflanzen

Viele als Heilkräuter oder Unkraut bekannte Pflanzen haben eine stärkende Wirkung oder vertreiben Schädlinge. Die Mittel kann man auf Vorrat herstellen und das ganze Gartenjahr über verwenden. Im nächsten Frühjahr setzt man dann wieder neue Mischungen an. Wer keine Möglichkeit hat, an frische Pflanzen zu kommen, kann sie getrocknet in Apotheken oder Kräuterläden kaufen.

✪ **Knoblauch-Tee** steigert die Abwehrkräfte gegen Pilzkrankheiten. Dafür übergießt man eine zerstoßene Knoblauchzehe mit einem Liter kochendem Wasser und lässt die Mischung zwei Tage ziehen. Zur Verwendung 20-fach verdünnen.

✪ **Ackerschachtelhalm-Brühe** stärkt die Pflanze gegen Pilzkrankheiten und macht sogar Spinnmilben den Garaus. Sie wird aus 100 Gramm Pflanzenteilen pro Liter Wasser hergestellt. Die Mischung 24 Stunden ziehen, dann 30 Minuten köcheln lassen. Nach dem Abseihen mit fünf Teilen Wasser verdünnen und auf die Pflanze spritzen.

✪ **Rainfarn-Tee** vertreibt so gut wie alle Insekten, die den Pflanzen das Leben schwer machen. Man stellt ihn aus 100 Gramm blühendem Kraut und drei Litern Wasser her. Alles aufkochen, abseihen und im Verhältnis 1:2 mit Wasser mischen. Tee auf betroffene Pflanzen spritzen.

✪ **Beinwell-Jauche** wird genau so hergestellt, wie im Brennnesseljauche-Rezept beschrieben. Beinwell liefert viel Kalium — mischt man beide Jauchen, sind die Pflanzen mit den wichtigsten Nährstoffen versorgt.

Gartenreste nutzen aus »Abfall« wird »wertvoll«

Wohin mit den Pflanzenresten, die beim Schneiden und Ernten entstehen? Woher günstigen und guten Dünger bekommen? Wie schaffe ich es, dass der Boden in meinem Garten gut wird oder bleibt? Ein Komposthaufen ist die Antwort auf viele Fragen, die den Garten-Starter bewegen. Und irgendwie ist es doch auch gut zu wissen, dass man nicht der einzige ist, der im Garten arbeitet.

Der Kompost-Kreislauf

Denn: Wo verrottende Pflanzenteile im Angebot sind, beginnen Millionen von Mikroorganismen, sie in ihre Einzelteile zu zerlegen. Was herauskommt, ist gute Gartenerde, die alle wichtigen Nährstoffe enthält. Die Mikroorganismen finden Nahrung, die Nährstoffe werden freigesetzt, der Boden bleibt fruchtbar, neue Pflanzen gedeihen und sterben ab – und der Prozess beginnt von Neuem. Außer: der Mensch greift ein. Beim Ernten oder Laub rechen entnimmt er organisches Material aus dem Garten. Der Boden kann seine Nährstoffreserven nicht mehr auffüllen. Jetzt ist der Gartenbesitzer gefragt!

Einen Komposthaufen anlegen – so geht's

Wenn er die Gartenabfälle sammelt und den Mikroorganismen so serviert, dass sie mit voller Kraft arbeiten können, steht genug Kompost zur Verfügung, um das Gleichgewicht zu erhalten. Dafür wird ein gut angelegter Komposthaufen benötigt. Dieser …

✪ … steht an einer geschützten, halbschattigen Stelle, wo er nicht austrocknet. Unter großen Bäumen wird zu viel Regen abgehalten.

Links Ungekochte Küchenabfälle kann man auf dem Gartenkompost entsorgen. Dafür legt man den Haufen am besten in der Nähe des Hauses an.

✪ … muss Bodenanschluss haben. Sonst haben die Mikroorganismen keine Chance, ihn zu besiedeln.

✪ … braucht nicht unbedingt ein Behältnis. Es reicht, wenn die Pflanzenreste zu Haufen geschichtet werden. Rahmen aus zusammensteckbaren Holzlatten oder Metallgittern, wie man sie im Baumarkt bekommt, sind jedoch praktisch, wenn der Garten nicht allzu groß ist oder man Ordnung liebt.

✪ … dient als Sammelstelle für Garten- und Küchenabfälle. Informationen darüber, was auf den Komposthaufen gehört und was nicht, geben die Umweltämter der Gemeinden. Aus dem Garten sind dicke Äste sowie kranke Pflanzen tabu. Im Hausgarten-Kompost werden die Temperaturen nicht hoch genug, um Pilze und Bakterien abzutöten. Insbesondere Pflanzen, bei denen man einen Virusbefall befürchtet, haben auf dem Kompost nichts zu suchen. In Kompostwerken der Wertstoffhöfe sind solche Pflanzenreste besser aufgehoben. Rückschnitt von Thuja und Chinaschilf verrottet extrem langsam.

✪ … wird abwechselnd mit Schichten aus groben Materialien — wie dünnen Ästen oder härteren Blütenstielen — und feinen — wie Rasenschnitt oder Laub — gefüllt. So wird der Kompost gut belüftet, ohne zu stark zusammenzufallen. Fehlen Luft und Feuchtigkeit, stellen die Mikroorganismen ihre Arbeit ein und das Material wird nicht umgesetzt. Stattdessen verfault es und ein unangenehmer Geruch entsteht.

✪ … kommt mit einer Starthilfe schneller in Gang. Solche Kompost-Starter kann man im Gartencenter kaufen. Es genügt aber auch, von Freunden oder Gartennachbarn einen Eimer von einem gut zersetzten Kompost zu erbitten. Ohne eine solche »Impfung« dauert es einige Wochen länger, bis der Haufen von den fleißigen Mikroorganismen besiedelt ist.

Unten Sonnenblumen werden in kurzer Zeit sehr groß. Sie sind geeignet, um einem sonnig gelegenen Komposthaufen Schatten zu spenden.

Sind Schnellkomposter sinvoll?

Das Aussehen ist Geschmackssache und das, was sie an Inhalt fassen können, eher auf kleine Gärten ausgelegt. Die stabilen Seitenwände sorgen zwar für höhere Temperaturen, aber auch für weniger Luftaustausch. Um so wichtiger ist es, grobe und feine Materialien abwechselnd zu schichten. Dafür muss ich beim Schnellkomposter nur neun Monate warten, bis aus Abfall Kompost wird — und nicht über ein Jahr wie bei Holz- oder Gittermodellen.

Wieso, weshalb & wann?
Das kleine Kompost-1-x-1

Mmmmh, wie das duftet! Nach würzigen Pilzen und geheimnisvollen Wäldern. Fertigen Kompost erkennt man in der Tat an seinem frischen Erdgeruch, aber auch an seiner dunkelbraunen Farbe und der krümeligen Struktur. Aus Pflanzenresten ist mit der Hilfe von Bodenlebewesen ein fruchtbarer Bodenverbesserer geworden, den man im Garten vielfältig einsetzen kann.

✪ **Im Topf alles topp:** Wer für den Balkon, die Terrasse oder das Zimmer Töpfe bepflanzt, kann Kompost in gekaufte Blumenerde mischen. So erhöht sich der Nährstoffgehalt und die Struktur der Blumenerde wird verbessert.

»Wer gekaufte Blumenerde verbessern will, kann Gartenkompost untermischen.«

✪ **Neues Beet, neues Glück:** Ob für den Nutz- oder den Ziergarten, wer ein Beet neu anlegt, bedeckt die Erdoberfläche zunächst mit einer etwa fünf Zentimeter dicken Kompostschicht. Beim Umgraben verteilt er sich gleichmäßig im Boden.

✪ **Alt, aber fit:** In eingewachsenen Beeten verteilt man eine Schicht von drei bis vier Zentimetern Dicke zwischen den Stauden. Die enthaltenen Nährstoffe werden nach und nach mit dem Regen in tiefere Erdschichten geschwemmt, wo die Pflanzenwurzeln sie

Oben   So sieht Feinkost für den Komposthaufen aus: frisch geschnittene, noch unverrottete Pflanzenreste mit feiner sowie gröberer Struktur.

Unten   Im Mulchkompost sind die Pflanzen noch nicht vollständig verrottet. So ist er in eingewachsenen Staudenbeeten ein ergiebiger Nährstofflieferant.

aufnehmen. Umgraben ist hier nicht nötig, man arbeitet den Kompost lediglich mit einer Hacke in den Boden ein. Der beste Zeitpunkt ist im Frühjahr, wenn der Boden wärmer wird und im Herbst, solange die Erde noch nicht zu stark abgekühlt ist.

Ob Topfgärtner oder Durchstarter, je nachdem wofür der Kompost eingesetzt wird, muss er entsprechend vorbereitet werden. Für Töpfe und Kübel empfiehlt sich feiner, vollständig verrotteter Kompost. Bevor man ihn verwendet, wird er durch ein grobmaschiges Gitter gesiebt. Teile, die im Sieb zurückbleiben, landen auf dem neu angelegten Komposthaufen. Gleiches gilt für Beete, in denen man aussäen möchte. Kompostsiebe gibt es zu kaufen, man kann sie aber auch mit ein wenig Geschick aus Holzlatten und Kaninchendraht bauen. Bei bestehenden Staudenbeeten kann man auch noch nicht vollständig verrotteten Kompost verwenden. Dieser wird auch als Mulchkompost bezeichnet, weil man gleichzeitig Kompost aufbringt, aber auch die Fläche mulcht, also mit pflanzlichen Bestandteilen bedeckt. Die gröberen Bestandteile werden auf dem Beet zersetzt, nur eben nicht mehr so schnell wie auf dem Komposthaufen.

Kompost will gepflegt werden

Alle zwei Monate entnimmt man dem Kompost eine Handvoll Erde und drückt sie zwischen den Fingern zusammen. Tropft Flüssigkeit heraus, ist der Haufen zu feucht. Dann »rührt« man ihn mit der Grabegabel um. Anschließend sticht man einen Gerätestiel senkrecht bis zum Boden. So gelangt mehr Luft ins Innere. Meist führen zu dicke Schichten aus feinem bzw. groben Material zu nassem Kompost. Zu trockenen Kompost kann man mit der Gießkanne oder dem Schlauch wässern.

Rechts Sieht Kompost so aus, macht er jeden Dünger überflüssig: Er ist vollständig verrottet, leicht feucht und nach dem Sieben wunderbar krümelig.

Herzlich willkommen! Lebensraum für Wildtiere schaffen

»Mein Garten«, sagt man mit stolzgeschwellter Brust und zeigt auf die Beete, in denen Radieschen und Rittersporn gedeihen. Gut — man ist derjenige, der für das, was den Garten auf den ersten Blick ausmacht, verantwortlich ist. Sieht man genauer hin, gibt es jedoch eine Reihe von Lebewesen, mit denen man sich das Stück Land teilt — und die auf ihre, meist unbemerkte, Art ihren Teil dazu beitragen, dass die Pflanzen gedeihen. Insekten, Amphibien, kleinen Säugetieren und Vögeln im Garten einen Lebensraum zu bieten, ist schon aus purem Eigennutz sinnvoll. Dass Bienen für reiche Obsternte und süßen Honig verantwortlich sind und Igel gerne mal eine Schnecke verspeisen, ist hinreichend bekannt. Andere Nützlinge arbeiten im Verborgenen. Wenn Gallmückenlarven Blattläuse aussaugen, sind die braunen Hüllen, die auf dem Blatt zurückbleiben, gerade noch zu erkennen, die Folgen für den Garten aber unbezahlbar.

Sei gut zur Natur, dann ist sie gut zu dir

Mit einem naturnah gestalteten und bewirtschafteten Garten kann man sich das Gärtnerleben also unendlich leichter machen. Je mehr Pflanzenarten im Beet stehen, desto artenreicher ist ein Garten logischerweise. Vor dem Hintergrund, dass von jeder Pflanzenart etwa zehn Tierarten profitieren, nimmt der Effekt größere Dimensionen an, als man zuerst ahnt. Gönnt man sich zusätzlich

Unten Recycling im Garten – Holz, das beim Fällen von Bäumen übriggeblieben ist, kann man zu Beeteinfassungen stapeln. Es bietet Insekten und Kleintieren Asyl.

Unten Aus entsprechend geschnittenen Bambusstangen und Pflanzenstielen, Stroh und Konservendosen ist im Handumdrehen ein Insektenhotel für den Garten gebaut.

den Luxus, einen Teil des Gartens für einen Totholzhaufen oder Brennnesseln zu reservieren, so wird der Garten zum Paradies für Wildtiere. Herrscht eine große Artenvielfalt bei Pflanzen und Tieren, führt das zu einem Garten, der sich quasi selbst gesund hält.

Das Märchen vom Naturgarten

»Ja, ja — zu faul zum Unkraut jäten und es dann Naturgarten nennen«, muss der ökologisch bemühte Gärtner sich des Öfteren anhören. Ein Naturgarten ist aber nicht einer, den man völlig sich selbst überlässt. Vielmehr steht die Bezeichnung für das Gärtnern nach dem Vorbild der Natur. Mit einem Steingarten aus regionalen Materialien empfindet man Geröllhalden nach. Für schattige

Bereiche orientiert man sich an der Pflanzenwelt in Wäldern. Statt entlang der Gartengrenzen Thuja in Reih' und Glied zu setzen, pflanzt man Blüten- und Fruchtgehölze und statt Exoten einheimische Arten. Totholz wird zu Beetkanten, ein Pavillon aus Weiden zum schattenspendenden Dach am Sitzplatz. Und schon mit geringem Aufwand kann man **Nützlinge anlocken**. Igel überwintern in Hohlräumen in Reisighaufen. Ein mit Stroh ausgestopfter und umgedreht aufgehängter Tontopf dient Ohrwürmern als Nistmöglichkeit. Naturschutzverbände bieten Anleitungen zum Bau von Insektenhotels an.

Unten   Im naturnahen Garten leben zahlreiche Kleintiere und Insekten. Wer sich die Zeit nimmt, sie in Ruhe zu beobachten, lernt einiges über die Natur.

Grabenkämpfe: wer gegen wen?

»Jeder gegen Jeden«, manchmal auch »David gegen Goliath« — zwischen Blättern und Blüten geht es ganz schön brutal zu. So setzen Nützlinge ihren Gegenspielern zu:

→ *Singdrosseln:* zerschmettern Schneckenhäuser an Steinen und ziehen dann genüsslich das schmackhafte Innere heraus

→ *Marienkäferlarven:* die »Blattlauslöwen« verschlingen Blattläuse, je nach Art aber auch Spinnmilben oder Pilze

→ *Florfliegenlarven:* anstechen, festhalten und aussaugen von Läusen oder Spinnmilben mit zangenähnlichen Mundwerkzeugen

→ *Räuberische Wanzen:* erdolchen und aussaugen von Blattläusen mit dem kräftigen Rüssel. Manche Arten besitzen Stinkdrüsen, deren Kontaktgift andere Insekten tötet.

→ *Schlupfwespen:* legen mithilfe eines Legestachels ein oder mehrere Eier in Blattläuse, Raupen oder Weiße Fliegen.

Altes & Neues aus der Gartenszene

Warum Gärtnern mit alten Sorten Spaß macht,

ein Hochbeet reiche Ernte verspricht und

der Schrebergarten besser ist als sein Ruf ...

Goldparmäne, British Queen und Schokoladenbirne – die Namen alter Obst- und Gemüsesorten klingen vielversprechend, sind aber längst nicht der einzige Grund, warum es sich lohnt, sie zu bewahren.

Alte Sorten wecken die Sammelleidenschaft

Von etwa dreitausend bekannten Apfelsorten findet man in den Supermärkten mit Glück fünf. Bei Kartoffeln sind die Sortenbezeichnungen gerade mal im Kleingedruckten zu finden und bei Möhren muss man mit namenloser Massenware vorliebnehmen. Dabei gibt es von vielen Gemüse- und Obstarten unzählige Sorten. Die meisten sind allerdings von der Bildfläche verschwunden. Woran liegt das? Wo gegärtnert wird, wird auch gezüchtet, das war schon immer so. Ein Großteil der Sor-

tenvielfalt entstand bei spezialisierten Gärtnern. Diese waren darum bemüht, Sorten zu züchten, die an die Klima- und Bodenverhältnisse einer Region angepasst sind oder für regionale Gerichte verwendet werden können.

Wer Gemüse produzieren will, ist im 21. Jahrhundert auf moderne Sorten angewiesen. Sie stammen meist von riesigen Firmen, die es darauf abgesehen haben, Sorten zu kreieren, die weltweit einsetzbar und damit weltweit vermarktbar sind. Man zielt auf Höchsterträge, normiertes Aussehen und gute maschinelle Verarbeitung statt auf Geschmacksvielfalt oder natürliche Widerstandsfähigkeit gegenüber Krankheiten und Schädlinge. Das Lebenswerk von Generationen von Gärtnern und die Besonderheit einzelner Regionen verschwinden so Sorte für Sorte ... Die gute Nachricht: Gruppen unbeugsamer Gärtner hören nicht auf, Widerstand zu leisten.

Woher nehmen, wenn nicht stehlen?

Artenvielfalt ist im Garten ebenso wichtig wie in der freien Natur. Es lohnt sich, traditionelle, möglichst regionale Obstsorten anzubauen oder sich auf die Suche nach in Vergessenheit geratenenen Gemüsearten und -sorten zu machen. Oft sind sie robuster, ertragreicher oder schmackhafter als die Massenware aus dem Supermarkt. Und auch unter den Stauden gibt es alte Sorten, die, was Blühfreude und Wuchs angeht, den modernen in nichts nachstehen. Zugegebenermaßen ist es etwas aufwendiger, an die Kulturschätze zu kommen. Inzwischen haben aber immer mehr Baumschulen alte Apfel-, Birnen- oder Kirschsorten im Programm, bei vielen Gärtnereien gehören alte Gemüsearten zum Sortiment. Außerdem gibt es Privatleute, Vereine und Stiftungen, die es sich zur Aufgabe gemacht haben, diese Sorten zu erhalten und zu verbreiten. So wird nach und nach fast verlorengegangenes

Wissen zusammengetragen und erhalten. Viele Initiativen bieten Tauschbörsen an, verkaufen Saatgut oder vermitteln Patenschaften für Gemüsesorten. Denn allein mit dem Sammeln können die Sorten nicht am Leben erhalten werden. Sie gehören in möglichst viele Beete!

Das Gute ist: Alte Gemüsesorten machen dem Gärtner das Leben leicht. Im Vergleich zu modernem Hybridsorten sind sie samenfest. Sammelt man ihre Samen und sät sie im nächsten Jahr wieder aus, entstehen Pflanzen, die die gleichen guten Eigenschaften haben wie die Mutterpflanze. Man kann sie also problemlos vermehren und dann mit dem Saatgut andere Garten-Starter glücklich machen. Bei Hybridsorten dagegen funktioniert diese Art der Vermehrung nicht. Die Nachkommen haben nur noch einen Teil der guten Eigenschaften. Will man in seinem Garten im nächsten Jahr wieder eine bestimmte Hybridsorte sehen, muss man erneut Saatgut kaufen.

Unten Alte, robuste Pflaumensorten wurden von neuen Züchtungen aus den Gärten verdrängt. Es lohnt sich, sie zurückzuholen – der Geschmack ist herrlich.

Aktiv für alte Sorten

An diese Initiativen wende ich mich, wenn ich auf der Suche nach alten oder neuen, samenfesten Sorten bin:

→ www.nutzpflanzenvielfalt.de: Saatgutliste per Post bestellbar, Pflanzenpatenschaften
→ www.prospecierara.de: Verschiedene Projekte, Pflanzenpatenschaften
→ www.dreschflegel-saatgut.de: Zusammenschluss von Züchtern mit Onlineshop
→ www.freie-saaten.org: Liste empfehlenswerter Sorten

Nicht nur für Hochstapler: Gärtnern im Hochbeet

Hochbeete sind meist mit Holz oder Edelstahl umrandete Kästen, die Pflanzen einen besonderen Lebensraum bieten. Auch die Kräuterspirale ist im Grunde nichts anderes. In Hochbeeten wachsen Pflanzen schneller und üppiger. Zum einen erwärmt sich die Erde im Frühjahr rascher, zum anderen wird der Kasten ähnlich wie ein Komposthaufen mit verschiedenen Materialien befüllt. Verrotten diese, versorgen sie die Hochbeetinsassen mit Wärme und Nährstoffen. Hüfthohe Hochbeete sind außerdem angenehm zu bearbeiten.

»In or out?« Was kommt rein ins Hochbeet?

✪ Der beste Zeitpunkt, um ein Hochbeet zu bauen, ist im Spätsommer oder Herbst. So hat man genug Zeit, Pflanzenreste zum Befüllen zu sammeln. Außerdem kann sich das Material über den Winter setzen und man kann es gegebenenfalls im Frühjahr nachfüllen, bevor man sich ans Bepflanzen macht.

✪ Damit im Frühjahr Wärme eingefangen wird, sollte eine Längsseite nach Süden ausgerichtet sein.

✪ Greift man nicht auf Bausätze zurück, sondern ist selber kreativ, kann man die Form frei wählen. Ideal ist eine Beetbreite von einer doppelten Armlänge. So kann man bequem gießen, jäten und ernten.

✪ Kleidet man den Rahmen des Hochbeets mit Kaninchendraht aus, hält das Wühl- und Feldmäuse fern, die sich von der Wärme im Boden und der Aussicht auf frisches Gemüse angezogen fühlen.

✪ Eine Bahn Teichfolie verhindert, dass das Wasser schnell abläuft, die Erde austrocknet und dass die Holzrahmen zu sehr der Feuchtigkeit ausgesetzt sind, was das Verrotten beschleunigen würde.

✪ Die unterste Schicht im Hochbeet bildet grobes, langsam verrottendes Pflanzenmaterial wie klein geschnittene Äste und Zweige. Darüber kommt eine Lage aus leichter verrottendem Material. Hierfür kann man Laub, Grasschnitt, Stroh oder Gartenabfälle verwenden. Diese beiden Schichten sollten das Hochbeet etwa zur Hälfte füllen.

✪ Dann folgt eine Mischung aus Landerde und Kompost. Die oberste Lage besteht aus guter Garten- oder Blumenerde, in die gepflanzt wird.

✪ Im ersten Jahr zersetzt sich das organische Material am Boden des Hochbeets am stärksten. Jetzt sind die meisten Nährstoffe verfügbar. In diesen Jahren pflanzt man Starkzehrer wie Tomaten, Kohl, Gurken oder Zucchini. Ab dem zweiten Jahr pflanzt man Mittel-, ab dem dritten Schwachzehrer. Mehr dazu auf → Seite 102.

✪ Je nach Bepflanzung ist nach etwa fünf bis sieben Jahren das Pflanzenmaterial am Boden des Hochbeets zersetzt und die Nährstoffvorräte somit verbraucht. Dann leert man das Hochbeet, repariert undichte Stellen im Draht oder in der Folie und befüllt das Beet von Neuem.

Hochbeete mal anders

Bausätze für Hochbeete sind nicht schlecht. Ich mag es aber lieber etwas individueller:

→ Dachpfannen: versetzt gestapelt

→ Gabionen: an den Außenseiten mit Kokosmatten verkleidet und mit Erde befüllt

→ Holzlatten-Komposter: mit Folie ausgekleidet

→ Europaletten: senkrecht in den Boden gestellt

→ Ölfässer: Boden entfernen

→ Treckerreifen: einzeln oder mehrere übereinandergelegt

Das Hochbeet – Everybody's Darling?

Gärtnern im Hochbeet hat Vorteile, keine Frage. Aber auch seinen Preis. Welche Argumente man zählen lässt, ist Geschmacksache. Gut beraten sind:

✪ **Die Chancenlosen:** Sie müssen auf Flächen gärtnern, wo der Boden für Gemüse zu steinig, zu hart oder zu feucht ist. Im Hochbeet heißt es dagegen: »Ich mach' mir die Welt, wie sie mir gefällt.«

✪ **Die Ehrgeizigen:** Wer auf kleiner Fläche rekordverdächtig viel Gemüse ernten will, der wird am Hochbeet seine Freude haben.

✪ **Die Gesundheitsbewussten:** Den Radieschen beim Wachsen zusehen und sich die Tomaten in den Mund wachsen lassen? Im Hochbeet auf rückenschonenden ein Meter zwanzig kein Problem …

✪ **Die Schneckenhasser:** Kein anderer Gartenteil lässt sich so leicht schneckensicher machen. Ein Streifen oder ein Rohr aus Kupfer entlang der Außenkanten hält die schleimigen Vielfraße fern.

✪ **Die Extravaganten:** Sie nutzen das Hochbeet als Element der Gartengestaltung und bepflanzen es mit Stauden und Einjährigen.

Ein Hochbeet macht aber auch Arbeit. An warmen Tagen muss mehr gegossen werden als in ebenerdigen Beeten. Der Vorteil der sich schnell erwärmenden Wände wird dann zum Nachteil, das Wasser verdunstet in kurzer Zeit. Außerdem vertragen nicht alle Gemüsearten die hohen Nährstoffmengen gleich gut. Und gerade das alle paar Jahre fällige Wiederaufsetzen der Schichten ist recht aufwendig. In kleinen Gärten fallen unter Umständen nicht genug Schnittgut und Pflanzenreste an. Dann kann man bei Gärtnereien, Landwirten oder befreundeten Gartenbesitzern anfragen.

Rechts   Bretter, die die Gemüsewelt bedeuten: Eine einfache Konstruktion aus Holzlatten bekommt durch einen farbigen Anstrich ein individuelles Aussehen.

Nicht nur für Spießer: Schrebergärten werden immer beliebter. Kein Wunder, sie sind eine gute Möglichkeit, in der Stadt zu gärtnern.

Must haves

Der Gartenzwerg gehört nicht dazu, auch wenn manche Gärten den Eindruck erwecken. Offiziell müssen aber ein Drittel der Fläche eines Kleingartens für den Anbau von Obst und Gemüse genutzt werden, ein Drittel für Bauliches, wie Laube und Wege und der Rest für Blumenbeete und Rasen.

Privatsphäre

Als städtisches Grün sollen die meisten Kleingartenanlagen auch Spaziergängern offenstehen. Das kann zu netten Gesprächen über den Gartenzaun führen. Ob Vereinsmitglied oder Besucher: Gärten betreten ohne vorher zu fragen ist tabu!

Regeln

Fahrrad fahren, Mittagsruhe, Grillen, Zaun bauen, Unkraut, Hecke schneiden – Themen, die für lebhafte Diskussionen sorgen, sobald Gartennachbarn aufeinandertreffen. Wer einen Schrebergarten übernimmt, hört und sieht sich am besten erst einmal um, was in der Kolonie üblich ist.

Kosten

Die jährliche Pacht sowie die Nebenkosten liegen im niedrigen dreistelligen Bereich. Vom Zustand der Laube und des Gartens sowie der Bepflanzung des Gartens hängt ab, welche Ablösesumme bei der Übernahme fällig wird. Wer ihn gut pflegt, bekommt später entsprechend viel zurück.

Warteliste

In beliebten Kolonien muss man Glück oder gute Referenzen haben, um einen Garten zu bekommen. Auch spielen Gartenerfahrung und handwerkliches Geschick eine Rolle. Oft kann das Grünflächenamt der Stadt weiterhelfen, wo Chancen auf die Übernahme eines Gartens bestehen.

Laube

»Höchstens 24 Quadratmeter Grundläche einschließlich überdachtem Freisitz«, so schreibt es das Bundeskleingartengesetzt vor. Das ist genug Platz für eine kleine Küchenzeile und ein Schlafsofa. Weil Kleingärten abwasserfrei bewirtschaftet werden sollen, sind Toiletten nicht erlaubt.

Wohnen

Übernachten und morgens das Vogelgezwitscher im erwachenden Garten genießen – kein Problem. Da die Lauben aber per Gesetzt nicht zum dauerhaften Bewohnen geeignet sein dürfen, kann man den Schrebergarten nicht zum Wohnsitz machen.

Gemeinschaftsarbeit

Einmal im Jahr für alle etwas tun, gehört zum Dasein des Schrebergärtners. Schließlich müssen Wege und Gemeinschaftshaus instand gehalten werden. Solche Aktionen sind eine gute Möglichkeit, die Vereinsmitglieder kennenzulernen und von ihrem Gartenwissen zu profitieren.

Gärtnern ohne Garten

Kein Garten? Kein Problem! Balkonbrüstungen und Fenster-bänke taugen durchaus als Beetersatz und in Gemeinschafts-gärten wachsen Gemüse und Freundschaften.

Neue Kästen braucht das Land!

Überlebt meine Lieblingspflanze im Topf? Wie kann

ich als Balkongärtner Selbstversorger werden?

Tipps fürs Gärtnern zwischen Himmel und Erde.

Dem Himmel ganz nah und dem Alltag fern – Balkone sind Orte mit einer ganz besonderen Stimmung und es lohnt sich, dort mehr zu kultivieren als Moos, das sich auf Satellitenschüsseln ansiedelt und Unkraut, das sich in den Fugen breitmacht.

Das Ziel ist der Weg

Will ich Nützliches und Essbares ziehen oder mich an der frischen Luft dem Nichtstun hingeben? Möchte ich meine Sammelleidenschaft für eine Pflanzenart ausleben? Wann nutze ich den Balkon hauptsächlich: zum Frühstücken oder gegen Abend? Bin ich viel unterwegs und brauche Pflanzen, die einige Tage ohne mich auskommen? Soll der Balkon jedes Jahr anders aussehen oder sollen manche Pflanzen langfristig zu Mitbewohnern werden? Eine Rolle spielt auch, an welchen Wohn-

raum der Balkon grenzt: Liegt er vor der Küche oder dem Wohnzimmer, kann ich Kräuter und Gemüse ziehen oder dort ein zusätzliches Esszimmer einrichten. Ist er nur durch das Schlafzimmer zu erreichen, will ich dort vielleicht eher keine Gäste empfangen. Überlegt man sich gleich zu Anfang, wofür, wann und mit wem man den Balkon nutzen will, kann man Pflanzen, Gefäße und Möbel entsprechend auswählen. Einem grandiosen Open-Air-Sommer steht dann nichts mehr im Wege.

Genau wie im Garten entscheidet die Umgebung, was sinnvoll und wünschenswert, aber auch was möglich ist. Gerade in Städten sind die Bedingungen auf dem Balkon oft alles andere als optimal für Mensch und Pflanze: Am Haus führt eine große Straße entlang, die Aussicht auf die Fassade gegenüber ist nicht gerade traumhaft, die Nachbarn sitzen in Hörweite und tagsüber entwickeln sich dank Südausrichtung Temperaturen wie im Backofen — oder aber es erreicht zu keiner Tageszeit direktes Sonnenlicht den Balkon. Da ist Profirat gefragt!

Praktische Tipps zur Balkongestaltung

⭐ **Für Privatsphäre:** Ist der Nachbarbalkon quasi zum Greifen nah, muss ein Sichtschutz her. Eine Kombination aus Rankgitter und Kletterpflanzen hält neugierige Blicke ab. Pflanzt man Stangenbohnen oder Kiwi, kann man zusätzlich ernten.

⭐ **Fürs Sonnenbad:** Wohl dem, dessen Balkon dafür taugt. Manchmal braucht man es aber kühler und schattiger. Flexibel bleibt man mit Sonnensegeln oder -schirmen. Allerdings ist nicht nur in höheren Stockwerken eine stabile Halterung unerlässlich.

⭐ **Mit Motto:** Gerade auf kleinen Flächen ist ein klares Konzept wohltuend. Ob »Dschungelfieber«, »Romantik in Rosa«, »Cool & Modern« oder »Nordsee-Style« — mit Pflanzen, Möbeln und selbstgemachter Deko erhält der Balkon eine individuelle Note.

⭐ **Zum Abhängen:** Aus Paletten, einer Matratze und haufenweiser Kissen lässt sich eine gemütliche Outdoor-Lounge basteln.

⭐ **Mehr Flair:** Ist das Drumherum wenig attraktiv, kann man selbst Hand anlegen: Wände bunt streichen und Bodenplatten verlegen bewirkt Wunder.

Unten So bekommen Balkone Charakter – Nicht teure Möbel und edle Pflanzgefäße machen einen Balkon zum Lieblingsplatz, sondern individuelle Ideen.

Da geht doch noch was!
Grün & Blüten für Balkone

Das Gärtnern in luftiger Höhe ist etwas Besonderes – für den Menschen, aber auch für die Pflanzen. Auf dem Balkon sind beide den Elementen intensiver ausgesetzt als im Garten. Während der Balkonbesitzer das Sonnenbad genießt und den Kühlschrank mit erfrischenden Getränken gut gefüllt weiß, greifen Pflanzen auf Wasser- und Nährstoffvorräte im Boden zurück. Dumm nur, wenn sie im Topf stehen. Wasser und Nährstoffe sind nur begrenzt verfügbar, zusätzlich erwärmt die Sonne den Topf sowie die Luft zwischen den Hauswänden und sorgt so dafür, dass mehr Wasser verdunstet wird. Noch stärker als im Garten sind Pflanzen auf dem Balkon auf einen mitfühlenden Besitzer angewiesen, der sie mit allem versorgt, was für sie aus eigener Kraft unerreichbar ist: Wasser, Nährstoffe und Licht, sowie eine passende Unterkunft für den Winter.

Grundsätzlich ist es möglich, jede Pflanze im Topf zu kultivieren. Sinnvoll ist es allerdings nicht unbedingt. Auf dem Balkon muss man sich im Normalfall mit wenigen Pflanzen zufriedengeben, umso wichtiger ist es, dass jede einzelne mit mehreren guten Eigenschaften überzeugt. Dazu zählen neben einer schönen Blüte außergewöhnliches Laub, ein attraktiver Duft oder essbare Früchte. Eine Staude, die sich nach der Blüte in den Boden zurückzieht, dann aber immer noch gepflegt werden muss, ist zumindest für Garten-Starter nicht die erste

> **»Die besten Balkonpflanzen sind die, die mit mehreren guten Eigenschaften überzeugen.«**

Wahl. Bedenkenlos zugreifen kann man jedoch, wenn die Pflanzen als **Beet- und Balkonpflanze** gekennzeichnet sind. Darunter fallende Arten sind durch jahrelange Züchtungsarbeit ausgelesen und in Töpfen, Kübeln und Balkonkästen getestet und für gut befunden wurden. Die meisten sind fleißige Blüher, aber auch Blattschmuckstauden gehören zum Sortiment. Wer mit der Bepflanzung nicht jedes Jahr bei Null starten möchte, kombiniert einjährige Pflanzen mit solchen, die jedes Jahr wieder austreiben. So kann man zum Beispiel eine als Bodendecker wachsende, reich blühende Staude mit einer als Hochstamm gezogenen Zitronenverbene (*Lippia citriodara*) in einen Kübel setzen und so Duft und Farbe kombinieren. Pflanzt man rotlaubige *Canna*-Sorten neben ein rötliches Lampenputzergras (*Pennisetum setaceum* 'Rubrum'), entsteht durch das Zusammenspiel der breiten *Canna*-Blätter und der feinen Halme des Ziergrases ein Hauch von Exotik.

Links   Gerade auf dem Balkon muss man regelmäßig kontrollieren, ob die Pflanzen genug Wasser haben. Dabei kann man verwelkte Blätter und Blüten entfernen.

»It doesn't matter if you're blue or pink«

»Passt« oder »passt nicht« gibt es beim Gestalten mit Pflanzen nur in dem Sinne, dass man die Bedürfnisse der Pflanzen berücksichtigt. Welche Farben gut zusammen aussehen ist alleine eine Frage des Geschmacks. Ton-in-Ton wirkt elegant, allerdings nur, wenn man mit silber- oder gelblaubigen Pflanzen Akzente setzt. Je mehr Pflanzen man kennenlernt, umso schwerer wird es allerdings, sich auf eine Farbe zu beschränken.

Auch auf dem Balkon kann man mit Farben Stimmungen erzeugen. Weiß wirkt edel, unter Umständen aber auch ein wenig kühl. Dem kann man mit hellen Gelb-, Rosa- oder Blautönen in Form von Blüten oder Accessoires entgegenwirken. Warme Farben wirken an-, unter Umständen aber auch aufregend – es erfordert etwas Platz, damit man sie von einem entfernteren Standort betrachten kann. Kühle Farben strahlen Ruhe aus und lassen kleine Balkone größer wirken. Das bei allen Pflanzen vorherrschende Grün bildet den ruhigen Hintergrund. Man sollte also nicht nur an Blütenfarben denken. Auch Pflanzen mit rötlichen, gelben oder weiß gemusterten Blättern kann man in das Farbkonzept einplanen.

Ein ganz besonderes Flair bekommen Balkone, die man ausschließlich mit Blattschmuckpflanzen gestaltet. Wo Grün in allen Schattierungen und die unterschiedlichsten Blattformen aufeinandertreffen, entsteht mitten in der Großstadt Dschungel-Atmosphäre. Je nach Ausrichtung des Balkons eignen sich Farne, Bambus- und Ziergräserarten, Funkien (Hosta), aber auch Süßkartoffel (Ipomoea batatas) und Immergrüne wie Buchs oder Efeu.

Unten Viel Grün, wenig Blüten: Wer mehrjährige Blattschmuckstauden auf seinen Balkon pflanzt, kann ihm mit Einjährigen jedes Jahr ein neues Aussehen verleihen.

Gut ist, was gefällt: Gefäße für Balkonpflanzen

Hier kommen gute Nachrichten für kreative Balkonbesitzer: Grundsätzlich kann man alles beflanzen, was die Erde hält, aber überschüssiges Wasser ablaufen lässt. Der Fantasie sind keine Grenzen gesetzt, allerdings muss man an manchen Stellen etwas nachhelfen, um das Objekt der Begierde in ein pflanzentaugliches Gefäß umzuwandeln oder muss die Bepflanzung passend zum Behältnis auswählen. Die hohen, viereckigen **Olivenöl-Kanister** — meist äußerst dekorativ mit Vintage-Motiven bedruckt — bekommt man bei Recycling-Shops im Internet, auf Nachfrage aber auch günstig oder sogar umsonst bei Restaurants in der Nachbarschaft. Allerdings muss man noch für ein Abzugloch sorgen. Dieses bohrt man seitlich etwa drei Zentimeter über dem Boden ein. Die Erde unterhalb des Lochs speichert Wasser und versorgt den Rest in Notzeiten mit Feuchtigkeit.

Genauso gut lassen sich Kochtöpfe, die in der Küche ausgedient haben, recyceln. Mit Kräutern bepflanzt, entsteht ein Küchengarten der besonderen Art. Konventioneller, aber aus gutem Grund seit Jahrhunderten bewährte Pflanzgefäße sind **Töpfe aus Ton**. Es gibt sie in allen Größen, sie lassen sich viele Jahre benutzen und sorgen dank der durchlässigen Oberfläche für ein gutes Klima im Wurzelbereich. Der Nachteil ist gerade bei größeren Pflanzen das Gewicht. Ob die Patina aus Moos und Kalk, die Tontöpfe nach einiger Zeit im Freien ansetzen, schön oder schrecklich aussieht, ist Geschmacksache.

Linke Seite   Je kleiner das Gefäß ist, desto trockenheitsverträglicher sollte die Bepflanzung sein. Hauswurz (*Sempervivum*, rechts oben) oder Tripmadam (*Sedum reflexum*, unten, im Schuh) kommen sogar fast ohne Erde aus, und auch die meisten Kräuter vertragen gut Trockenheit. Ölkanister (links oben) eignen sich wegen ihrer Höhe auch für tief wurzelnde Pflanzen.

Balkonkästen gibt es inzwischen in einer großen Vielfalt und vielen verschiedenen Formen. Modelle mit Wasserspeicher sind etwas teurer, die Investition lohnt aber, vor allem wenn der Balkon sehr sonnig liegt oder man sich öfter für mehrere Tage nicht um den Balkon kümmern kann. Die günstigen Standardmodelle in Weiß, Grün oder Braun sind nur auf geschützt liegenden Balkonen sinnvoll, da sie nur wenig Erde fassen. Der Tag des Balkonbesitzers würde so nur aus Gießen bestehen. Wer nicht nur Balkonboden und -brüstung nützen möchte, setzt Hängepflanzen in **Ampeln**, die man entweder an der Wand oder, soweit vorhanden, an einem darüberliegenden Balkon befestigt. Allerdings kann man die Pflanzen nicht direkt in das Hängegefäß setzen, da sonst Staunässe entsteht.

Unten   »Hanging Baskets« nennt man Drahtkörbe, die mit einer Kokosmatte ausgelegt sind. Schneidet man kleine Löcher in die Matte, kann man sie mit Hängepflanzen bestücken. Allerdings trocknen sie recht schnell aus, am besten hat man daher immer eine gefüllte Gießkanne griffbereit.

Die guten ins Töpfchen: Gefäße bepflanzen

Die Pflanze steht parat, die Erde (echte Gärtner sagen übrigens »Substrat«) ist auf den Balkon geschleppt, das passende Gefäß ist gefunden — es kann losgehen! Ob Minigefäß oder großer Kübel, die Schritte sind die gleichen.

Gute Grundlage: die richtige Erde

Für das Bepflanzen von Kästen, Töpfen oder Kübeln genügt eine gute Standard-Blumenerde. Diese hat eine lockere Struktur ohne grobe Bestandteile und ein ausgewogenes Nährstoffverhältnis. Wer den Pflanzen etwas Gutes tun will, mischt diese noch mit Sand und Landerde, was den Wasserhaushalt und die Durchlässigkeit verbessert. Zu 20 Litern Substrat mischt man etwa zwei Liter Sand und zwei Liter Landerde. Eine Handvoll Hornspäne versorgt die Pflanze, wenn die Nährstoffe in der gekauften Erde verbraucht sind.

Erde entsorgen oder wiederverwenden?

»Muss das sein?«, ächzt der Garten-Starter, wenn er jedes Frühjahr schwere Säcke voller Erde auf den Balkon schleppt. »Ja!«, wispern die Pflanzen, »wir müssen sonst hungern.« Zum Ende der Balkonsaison sind die Nährstoffe und die Struktur bildenden Bestandteile in der Erde zersetzt. Pflanzt man neue Kandidaten hinein, müssen sie mit einem Minimum an Nährstoffen und einem schlechten Wasserhaushalt klarkommen — kein guter Start, um eine Saison Wind und Wetter standzuhalten. Nur bei großen Gefäßen kann man ein Drittel des alten Substrats im Topf lassen und mit Hornspänen aufdüngen. Die Reste gibt man ins Gemüsebeet oder auf den Kompost.

Links Eine gut gewachsene Pflanze erkennt man auch an den Wurzeln. Sie sollten dicht und stark verzweigt sein, die Erde aber nicht vollständig aus dem Topf verdrängt haben.

Neue Heimat für grüne Mitbewohner

⭐ **Pflanze vorbereiten:** Die Pflanze in einen mit Wasser gefüllten Eimer stellen, sodass die Erde sich richtig vollsaugen kann.

⭐ **Gefäß vorbereiten:** Das Abzugsloch mit einer Tonscherbe abdecken. So wird weder Erde ausgewaschen, noch verstopft das Loch, was zu Staunässe führt. Bei einer ganzen Drainageschicht würde die Erde in die Zwischenräume gespült und die Oberfläche sackt ab. Füllt man die fehlende Erde einfach wieder auf, würde die Pflanze zu tief sitzen. Nun eine dünne Schicht Erde in den Topf füllen.

⭐ **Pflanze ins Gefäß setzen:** Die Pflanze aus dem Topf nehmen. Den Wurzelballen an der Unterseite senkrecht zur Unterkante mit den Händen aufreißen, bei sehr dichtem Wurzelwerk kann man ein Messer zu Hilfe nehmen. Der Ballen soll später so im Gefäß sitzen, dass die Oberfläche drei bis vier Zentimeter unter der Oberkante liegt. Ohne diesen Gießrand läuft das Wasser seitlich aus dem Topf und die Pflanze bleibt durstig.

⭐ **Erde auffüllen:** Den Topf mit Erde füllen und diese sanft andrücken.

⭐ **Angießen:** Kräftiges Wässern schwemmt die Erde an den Wurzelballen. Wie beim Andrücken werden so Hohlräume geschlossen. Denn wo Luft ist, wachsen keine Wurzeln. Nach zwei bis drei Monaten mit der Nachdüngung beginnen.

Unten   Sollen mehrere Pflanzen in ein Gefäß, probiert man zuerst, wie sie am schönsten aussehen. Vor dem Pflanzen entfernt man welke Blätter und Unkraut.

Heiße Nächte oder kühler Kopf? Tipps für Süd- und Nordbalkone

Manchmal ist das Leben ganz schön ungerecht: Während Besitzer von Südbalkonen spätestens ab April gut gebräunt sind, ihr Balkon im Sommer aber so wirtlich wie eine Felswüste ist, fühlen sich Besitzer von Nordbalkonen zum Dasein eines Höhlenbewohners verdammt. Ob extreme Süd- oder Nordlage, beides ist nicht ideal – aber kein Grund, den Balkon nicht zu nutzen.

Sonne, Sonne & noch mal Sonne?

Wem balkonmäßig heiße Zeiten bevorstehen, der braucht auf jeden Fall einen superbequemen Liegestuhl und einen guten Sonnenschutz (→ Seite 145). Auf den Südbalkon passen Pflanzen, die Trockenheit vertragen. Fast alle Kräuter gehören dazu. An einem sonnigen Standort entwickeln die Gewürzpflanzen viele ätherische Öle und damit einen intensiven Duft und Geschmack. Eine Vielzahl der Pflanzen aus dem Balkonpflanzen-Sortiment gedeiht in der Sonne am besten, aber auch Stauden wie Fetthenne (Sedum telephium), einige Wolfsmilch-Arten (Euphorbia) oder Taglilien (Hemerocallis). Gegossen wird am besten am frühen Morgen oder gegen Abend und das nur auf die Erdoberfläche, nicht auf die Blätter. Blühpflanzen und Accessoires in Blau, Violett oder Rosa wirken kühlend.

Wege aus dem Schattendasein

Wo gefühlt ewige Dunkelheit herrscht, bringt man den Balkon mit Accessoires in hellen Farben dazu, ein freundliches Gesicht zu zeigen. Pflanzen mit weiß panaschiertem oder gelblichem Laub zaubern ebenfalls Licht ins Dunkel. Fuchsien (Fuchsia) und Schneeflockenblume (Sutera) sind fleißige Schattenblüher, ansonsten eignen sich Gräser, Funkien (Hosta) oder Hortensien (Hydrangea). Für die Pflege gilt: Erst prüfen, dann gießen. Denn die Pflanzen verdunsten hier wesentlich weniger Wasser als in der Sonne. Bei den Möbeln achtet man auf Materialien, die schnell trocknen oder gut abzuwischen sind. Holz ist als Bodenbelag nur dann geeignet, wenn man sich für ein hochwertiges Produkt mit entsprechend behandelter Oberfläche entscheidet. Sonst wird es gefährlich rutschig.

Der »Null-Pflege«-Balkon

Gärtnern macht Spaß, Nichtgärtnern und die Sonne genießen aber auch. Für eine »Null-Pflege«-Pflanzenkombi nehme ich:

→ 1 Südbalkon
→ 1 flaches Pflanzgefäß
→ so viel groben Kies, dass das Gefäß knapp ¼ gefüllt ist (sorgt für gute Drainage)
→ 1 Stück Jute oder Vlies, das auf die Kiesschicht kommt. So wird die Erde nicht weggespült.
→ 1 Eimer, in dem ich 3 Teile Universalerde und 1 Teil Sand-Landerde-Gemisch verrühre.

Die Erde fülle ich auf die Drainageschicht und das Vlies. Anschließend pflanze ich, was mir aus dem Steingarten-Sortiment gefällt: Hauswurz (Sempervivum), Polsterphlox (Phlox subulata und P. douglasii), Sand-Nelk (Dianthus arenarius) oder Walzen-Wolfsmilch (Euphorbia myrsinites). Wo noch Platz ist, lege ich Schneckenhäuser, Rindenstücke oder Steine hin. Bei einem kühlen Drink am Anblick erfreuen!

Links Kräuter sind wie gemacht für Südbalkone, sie schmecken dann intensiver. Dekorativ wirken Basilikumsorten mit unterschiedlichen Laubfarben.

Es müssen ja nicht immer Stiefmütterchen und Geranien sein: Diese Pflanzen sind pflegeleicht und gedeihen in Kübeln oder Töpfen wunderbar.

Hauswurz

Botanisch: *Sempervivum* Hybr.
Ziermerkmal: Zahlreiche Arten und Sorten mit unterschiedlicher Färbung und Rosettenform
Mag es: Sonnig und trocken
Und sonst? Verträgt Hitze gut. Benötigt keine Pflege. Stirbt nach der Blüte ab, sorgt aber vorher durch neue Blattrosetten für Nachwuchs.

Japanbandgras

Botanisch: *Hakonechloa macra*
Ziermerkmal: Blattschmuckstaude
Mag es: Halbschattig bis schattig bei frischen bis feuchten Böden
Und sonst? Zieht im Winter ein, geschützt überwintern

Bergenie

Botanisch: *Bergenia* Hybr.
Ziermerkmal: Blüten- und Blattschmuckstaude
Mag es: Sonnig bis schattig
Und sonst? Je nach Sorte Blüten in Weiß bis Purpur. Die dicken, ledrigen Blätter halten sich in der Vase sehr gut. Anspruchslos. An sonnigem Standort gut gießen.

Dreiblattspiere

Botanisch: *Gillenia trifoliata*
Ziermerkmal: Blüten- und Blattschmuckstaude
Mag es: Halbschattig bis schattig bei humosem Boden
Und sonst? Rötlicher Austrieb. Zarte, sternchenförmige Blüten und eine aufsehenerregende Herbstfärbung.

Immergrün

Botanisch: *Vinca minor*
Ziermerkmal: Bodendecker
Mag es: Halbschattig bis schattig bei frischem Boden
Und sonst? Sehr anspruchslos und zäh. Je nach Sorte Blüten in Weiß bis Dunkelviolett. Auch als Hängepflanze zu verwenden.

Steppenwolfsmilch

Botanisch: *Euphorbia segueriana* ssp. *niciana*
Ziermerkmal: Außergewöhnliches Laub und Blüten
Mag es: Sehr warm und trocken
Und sonst? Blüten bzw. Hochblätter bleiben sehr lange an der Pflanze. Braucht ein wenig, um sich einzugewöhnen.

Purpurglöckchen

Botanisch: *Heuchera* Hybr.
Charakter: Immergrüne Blattschmuckstaude
Mag es: Halbschattig bis schattig bei frischem Boden
Und sonst? Kleine, aber zahlreiche Blüten. Laubfarben bei den modernen Sorten von Gelb bis fast Schwarz.

Schachtelhalm

Botanisch: *Equisetum hyemale*
Charakter: Blattschmuckstaude
Mag es: Schattig an einem feuchten Standort
Und sonst? Sehr wuchsfreudig. Die Halme bleiben den Winter über grün und sind schön in Gestecken oder Sträußen. Im Garten Wurzelsperre einplanen.

Balkon extrem!

Was tun, wenn das Balkongärtnern zur

Herausforderung wird? 1. Nicht aufgeben!

2. Die Tipps auf dieser Seite befolgen. Viel Erfolg!

Wenn der Winter Blüten treibt ...

Winterblues go home!

Wenn dicke Schneeflocken fallen, ist es für lebenserhaltende Maßnahmen eigentlich zu spät. Am besten wird man vor dem ersten Frost aktiv. Die Einjährigen haben ausgedient und werden entsorgt. Nicht winterharte Mehrjährige stellt man in einen hellen und kühlen Raum. Was selbst winterharte Pflanzen dahinrafft sind nicht eisige Temperaturen, sondern der Wechsel aus einfrieren und auftauen. Um das zu vermeiden, schützt man die Töpfe mit Vlies oder Noppenfolie oder stellt sie in eine mit Laub gefüllte Mörtelwanne – die Wintergrünen so, dass Triebe und Blätter aus dem Laub herausragen. Ab und zu gießen nicht vergessen!

Ich bin dann mal weg!

Drei Wochen Sommerurlaub sind gebucht und den Balkonpflanzen bleibt nichts als der sehnsüchtige Blick Richtung Gießkanne? So bitte nicht! Im Idealfall findet sich ein netter Nachbar, Kollege oder Freund, der regelmäßig nach dem Rechten sieht. Um es dem Helfer leichter zu machen, stellt man alle Pflanzen an den schattigsten Ort, den der Balkon bietet, und gießt sie kräftig. Jeder Topf bekommt einen Untersetzer, sodass kein Wasser verloren geht — ganz fleißige Balkongärtner topfen ihre Pflanzen vorher noch einmal um oder schneiden sie zurück. Wer niemanden fragen möchte oder kann, investiert in eine automatische Bewässerungsanlage und wer einen Garten hat, setzt die Pflanzen mit Topf in ein leeres Beet.

Schöne Grüsse aus der Ferne

Eine Fuchsie kommt selten allein ...

Kein Balkon zu klein ...

... als dass man dort nicht einen bequemen Sitzplatz und ein paar Pflanzen unterbringen könnte. Wie das gehen soll? Indem man jedes Winkelchen nutzt und mit ein paar Tricks arbeitet. Das wären: Möbel zum zusammenklappen oder solche, die man drinnen wie draußen benutzen kann. In einer Truhe findet allerhand Krimskrams Platz, mit einem dicken Kissen wird sie zur Sonnenliege. Pflanzgefäße stellt man nicht nur auf den Boden, sondern nutzt Etageren, Hängeampeln und Gefäße, die sich an Wand und Brüstung befestigen lassen. Pflanzen behandelt man nicht als Solisten, sondern pflanzt sie in Gemeinschaften: Bodendecker unter Hochstämmchen, Schattengestalten unter Sonnenkinder, solche mit ähnlichen Ansprüchen in einen Kübel.

Wann gibt's hitzefrei?

Dschungelfieber statt Hitzestau: Pflanzen sind ein prima Sonnenschutz! Unter dem Laubdach fühlt sich Schatten ganz anders an als unter einem Schirm oder einer Markise. Dafür stellt man großblättrige Kübelpflanzen wie Banane (zum Beispiel *Musa basjoo*), Engelstrompete (*Brugmansia*) oder Feige (*Ficus carica*) etwas erhöht auf. Mit Baumstümpfen als Pflanzenständern wird der Urwald-Look perfekt, alternativ funktionieren auch Pflanzsäulen oder eine stabile Halterung an der Brüstung. Unter Rankkonstruktionen, die man mit Kletterpflanzen wie Wilder Wein (*Parthencissus*), Kiwi (*Actinidia*) oder der einjährigen Prunkwinde (*Ipomea*) begrünt, sitzt man ebenfalls herrlich geschützt.

Auch schön, aber Pflanzen können's besser!

Take it easy! Ideen für den Balkon als Chill-out-Area

Was ist besser als ein »Urlaub auf Balkonien«, dem Lieblingsziel von Sonnenanbetern, Frischluftsüchtigen, Blümchenstreichlern und Sternschnuppensuchern? Den Balkon jeden Tag als Chill-out-Area nutzen zu können!

Müßiggang ist aller Freuden Anfang

Mit diesen Ideen wird der Balkon ohne viel Aufwand zum Lieblingsplatz von Besitzern und Besuchern – und das zu jeder Tageszeit:

- **Lauscher auf!** Und dem Zwitschern und Trillern der Vögel Aufmerksamkeit schenken.
- **Draußen nicht nur Kännchen:** Der Sonne beim Aufgehen zusehen und dabei eine Tasse Kaffee oder Lieblingstee in der Hand halten.

- **Augen auf:** Auch wenn es morgens schwer fällt, im Morgenlicht kommen Blatt- und Blütenfarben besonders schön zur Geltung.
- **Abhängen:** Gemütliche Möbel sind ein absolutes Muss für Balkongenießer. Es muss ja nicht gleich die edle Sitzgruppe sein. Ist der Balkon an den Seiten von Hauswänden eingefasst, kann man dort prima eine Hängematte anbringen. Wird sie nicht gebraucht, rollt man sie einfach zusammen und hat auf dem Balkon Bewegungsfreiheit. Ein Sitzsack, den man drinnen und draußen benutzen kann, ist ähnlich bequem. Eine Balkon-Lounge ist in einer überdachten Ecke aus Europaletten, einer Matratze und einem Haufen Kissen schnell gebaut. So kann man sogar die Nächte unter freiem Himmel verbringen.
- **Pack die Badehose ein:** Die Beine in einer Kinderbadewanne voll Wasser baumeln lassen ist fast so erfrischend wie ein Urlaubstag am Meer.
- **Late-Night-Show:** Mit Kerzen oder Lichterketten für stimmungsvolles Licht sorgen.
- **Keine Spielverderber!** Mit Bambusmatten, Raumteilern oder berankten Gittern schützt man sich gegen die Blicke der Nachbarn. Oft reicht sogar ein Sonnenschirm oder -segel.

Diese Pflanzen machen den Tag perfekt

Ein Balkon ohne Pflanzen ist ähnlich gemütlich wie die Wartehalle eines Provinzbahnhofs. Die Auswahl von pflegeleichten Gewächsen, Balkonkästen mit Wasserspeicher oder eine automatische Bewässerungsanlage minimieren den Pflegeaufwand.

- **Wellness-Programm:** Zitronenmelisse (*Melissa officinalis*) wirkt beruhigend. Für ein Fußbad ein paar Stiele mit heißem Wasser übergießen und abkühlen

Links Cocktails oder selbstgemachte Limonade mit frischer Minze aus eigener Ernte schmecken auf dem Balkon besser als in jeder edlen Szenebar.

lassen. Die Schüssel vor den Lieblingsstuhl auf dem Balkon stellen, Füße eintauchen und entspannen.

⭐ **Keep cool:** Es klingt seltsam, aber lauwarmer Tee aus Pfefferminze *(Mentha* x *piperita)* erfrischt an heißen Sommertagen angenehmer als eiskalte Limo. Für den Tee einige Blätter Minze mit heißem Wasser aufgießen und je nach Geschmack Zitronensaft und Zucker dazugeben.

⭐ **Wachmacher:** Zitronenverbene *(Lippia citriodora)*, Lavendel *(Lavandula)*, Duftgeranien *(Pelargonium)* und viele andere Duftpflanzen lassen sich ganz einfach im Topf ziehen. Ihr frischer Duft wirkt morgens wunderbar belebend. Über die Pflanzen streichen, die Augen schließen und die Düfte erschnuppern …

»Abhäng-Möbel sind ein absolutes Muss für den Chill-Balkon. Sie müssen bequem sein, nicht teuer.«

⭐ **Naturschauspiel:** Die Nachtkerze *(Oenonthera biennis)* blüht erst im zweiten Jahr, dann aber im Zeitraffertempo. Innerhalb von zehn Minuten wird aus einer schlanken Knospe eine große gelbe Blüte mit süßlichem Duft.

⭐ **Für Nachtschwärmer:** Weiß blühende Pflanzen bringen Licht ins Dunkel der Abenddämmerung. Engelstrompete *(Brugmansia)* oder einige Taglilien-Arten *(Hemerocallis citrina* und *H. lilioasphodelus)* entfalten ihre Düfte abends.

⭐ **Happy Hour:** Szenebars servieren Drinks mit Minze, aber auch Basilikum, Thymian oder Salbei sind als Cocktailzutaten im Kommen. Mit frischen Kräutern aus eigener Ernte schmeckt's doppelt so gut!

Rechts Mittagsschlaf ist nur was für alte Leute? Balkonbesitzer sind da anderer Meinung. Praktisch sind Möbel wie der Sitzsack, die drinnen und draußen passen.

Betörende
Bestseller: Diese
Pflanzen haben drei
Dinge gemeinsam:
Sie sehen gut aus,
duften wunderbar
und nehmen
Anfängerfehler
nicht übel.

Edel-Pfingstrose

Botanisch: *Paeonia lactiflora*
Mag es: Sonnig bei nährstoffreichem Boden
Und sonst: Braucht nach dem Pflanzen Ruhe, also nicht umsetzen oder teilen. Nicht zu tief pflanzen. Große Sortenvielfalt, aber nicht alle Sorten duften.

Zitronenmelisse

Botanisch: *Melissa officinalis*
Mag es: Sonnig bei nährstoffreichem Boden
Und sonst: Verbreitet sich selbst stark durch Samen. Wird leicht von Mehltau befallen, kann dann aber komplett zurückgeschnitten werden.

Duftnessel

Botanisch: *Agastache foeniculum*
Mag es: Sonnig mit nährstoffreichem, durchlässigen Boden
Und sonst: Reagiert empfindlich auf Nässe im Winter. Je nach Sorte weiß bis dunkelviolett blühend und selbst aussäend. Bei Insekten beliebt. Gut für Sträuße.

Rosmarin

Botanisch: *Rosmarinus officinalis*
Mag es: Sonnig und warm, aber nicht zu trocken
Und sonst: Muss im Winter vor Frost geschützt werden. Wächst je nach Sorte aufrecht oder überhängend. Im Alter oft sehr knorrig. Gut für die mediterrane Küche.

Flammenblume

Botanisch: *Phlox paniculata*
Mag es: Halbschattig, nicht zu trocken und sandig
Und sonst: Riesige Sortenvielfalt, darunter auch zweifarbige. Duft je nach Sorte von kaum wahrnehmbar bis sehr stark. Essbare Blüten. Gute Schnittblume.

Bergminze

Botanisch: *Calamintha nepeta* ssp. *nepeta*
Mag es: Trocken, sonnig und warm bei durchlässigem Boden
Und sonst: Duftet sehr ähnlich wie Minze, wuchert aber nicht und sät sich nicht aus. Blüht sehr ausdauernd. Bei Insekten beliebt. Anspruchslos.

Currykraut

Botanisch: *Helichrysum italicum*
Mag es: Sonnig und warm bei durchlässigem Boden
Und sonst: Duftet bei Sonne und warmem Wetter ohne Berührung. Nur bedingt winterhart, deshalb im Haus hell und kühl überwintern.

Wohlriech. Eberraute

Botanisch: *Artemisia procera*
Mag es: Sonnig und warm bei durchlässigem Boden
Und sonst: Attraktives filigranes Laub, aber unscheinbare Blüten. Verträgt keine Nässe im Winter. Vor Frost schützen. Verträgt Schnitt sehr gut. Als Tee bei Verdauungsbeschwerden.

Frisch auf den Tisch:
Der Balkon als Nutzgarten

Eins ist klar: Zum Selbstversorger wird man mit einem Balkon nicht. Eine nette Ergänzung zur Gemüsetheke im Supermarkt kann man dort aber tatsächlich anbauen. Und was kommt cooler, als das Lammkotelett vom Grill mit dem eigenen Rosmarin zu servieren?

Wie im Schlaraffenland

Einfach den Arm ausstrecken, die pralle Cocktailtomate greifen und zubeißen, das wärs! Ist alles auch auf dem Balkon kein Problem. Allerdings gärtnern Balkongärtner unter verschärften Bedingungen, denn der Platz ist begrenzt. Mit einigen Tricks kann man dennoch gute Erfol-

»Wer wenig Platz hat, muss mit Tricks arbeiten, um aus der Fläche das Beste herauszuholen.«

ge erzielen. Zum einen kannst du **mehrere Gemüsearten in einen Kübel** pflanzen. Damit die ersten Erfolge nicht allzu lange auf sich warten lassen, bepflanzt man solche Kombi-Kübel am besten mit Gemüsearten, die wie Radieschen vom Samen bis zur Ernte nur wenige Wochen brauchen. Radieschen muss man übrigens nach dem Keimen vereinzeln. Nur wenn sie genug Platz haben, werden sie dick und rund. Die überflüssigen Sämlinge sind schon der erste Ernteerfolg: Mit ihnen kann man Salate oder Suppen verfeinern. Ab Mitte Mai können in den gleichen Kübeln Bohnen, Erbsen oder Tomaten gepflanzt werden. In ein zweites Gefäß kann

Links Tomaten sind wie gemacht für den Anbau auf dem Balkon. Sie brauchen einen Platz, an dem sie vor Regen geschützt sind. Ideal sind kleinfruchtige Sorten.

man eine Tomatenpflanze beispielsweise mit Pflücksalat und Möhren unterpflanzen. Oder man **kombiniert Sichtschutz und Essbares:** Stangenbohnen brauchen im Kübel wenig Platz, weil sie nach oben klettern. An den Fuß der bis zu vier Meter großen Pflanze kann man Bohnenkraut, Erdbeeren oder Kohlrabi setzen. Eine Kombination aus Zier- und Nutzbalkon entsteht, wenn man **Gemüsearten nach dem Aussehen auswählt**. Kartoffeln wurden wegen ihrer attraktiven Blüte nach Europa geholt, einige Mangoldsorten haben bunte Stiele und kleinere Kohlköpfe sind ähnlich dekorativ wie ein zur Kugel geschnittener Buchsbaum.

Die Versuchung im heimischen Paradies

Sogar Obst kann man auf dem Balkon anbauen und ernten. Setzt man Erdbeerpflanzen in Hängeampeln, wachsen die roten Früchte einem sprichwörtlich in den Mund. Weinreben und Kiwipflanzen lassen sich entlang einer Rankkonstruktion zu einem dichten Sicht- oder Sonnenschutz ziehen. Auch Beerenobst auf dem Balkon zu ernten, ist dank entsprechender Sorten kein Problem. Für den Kübel eignen sich dornenlose Brombeeren oder mehrmals tragende Herbst-Himbeeren. Selbst Äpfel kannst du auf dem Balkon ernten. Als Säulenform gezogene Bäumchen haben nur etwa einen halben Meter Durchmesser, tragen für ihre Größe aber erstaunlich viele Früchte. Alle Obstarten kann man in Blumenerde pflanzen, in die man Landerde und Kompost gemischt hat. Im Winter stellst du die Töpfe ins Winterquartier oder an einen geschützten Platz auf dem Balkon und umwickelst sie mit Noppenfolie oder Bambusmatten.

Oben   Der leckerste Salat ist ohne Kräuter aus eigener Ernte nur halb so gut. Ob Mit-Pflanzen-sprechen die Ernte verbessert, ist noch nicht geklärt. Gießen auf jeden Fall!
Unten   Balkonbesitzer haben es gut! Sie können die Sonne genießen und nebenbei ernten. Tomaten und Freilandgurken liefern auch auf kleiner Fläche viele Früchte.

Alles Gute kommt von oben: Balkongemüse

Balkongärtner habens gut: Sie ziehen Kartoffeln

ohne Acker und Tomaten ohne Gewächshaus!

Tipps für garantiert schneckenfreies Gärtnern.

Gibt's auch in Gelb

Kartoffeln

… wachsen in die Tiefe, brauchen also ein möglichst hohes Pflanzgefäß. Das kann ein großer Topf, ein Fass oder auch ein Sack sein. Das Behältnis füllt man etwa 15 Zentimeter hoch mit Erde, legt die Kartoffeln darauf (pro fünf Liter eine Kartoffel) und bedeckt sie leicht mit Erde. Sind 15 Zentimeter lange Triebe zu sehen, wird wieder nachgefüllt — so lange bis das Gefäß voll ist. Die Erde sollte immer leicht feucht sein. Wenn die oberirdischen Pflanzenteile gelb werden und absterben, kann geerntet werden.

Zucchini

… sät man Mitte April auf der Fensterbank aus und setzt sie nach den Eisheiligen zum Beispiel in einen 15-Liter-Topf, gefüllt mit einem kompostreichen und mit Hornspänen gedüngten Substrat, ins Freie. Beim Umtopfen platziert man die Pflanze so tief, dass die Keimblätter auf der Erde aufliegen. Die Zucchini lieber kleiner ernten, dann sind sie zarter. Ab August kann man mit Kompost oder Flüssigdüngern nachdüngen.

Tomaten

… brauchen: den wärmsten Platz, den der Balkon bietet, ein Dach über dem Kopf und massenweise Wasser und Nährstoffe. Man zieht sie ab Mitte Februar an einem hellen, maximal 18 Grad warmen Ort vor und stellt die Pflanzen in einem 15-Liter-Topf nach den Eisheiligen ins Freie. Tomatenpflanzen müssen »entgeizt« werden, dabei entfernt man Seitentriebe, die in den Blattachseln erscheinen. Am besten für den Balkon geeignet sind Cocktail-Sorten oder solche, bei denen die Pflanzen kleiner bleiben.

Salat

… ist der ideale Tomatenpartner: Sät man ihn unter den strauchigen Pflanzen aus, verdunstet der Boden weniger Wasser. Auf dem Balkon sind Schnitt- und Pflücksalat ideal, bei denen man immer nur so viele Blätter erntet, wie gerade benötigt werden. Geschnittene Pflanzen treiben wieder aus und können erneut Ernte liefern. Auch bei den Kopfsalaten gibt es balkontaugliche Sorten. Alle Salatarten brauchen einen nicht zu nährstoffreichen, immer leicht feuchten Boden.

Vom Backblech oder lieber als Suppe?

Ernten mit Köpfchen

Kürbis

… ist dank seiner langen Ranken ein toller Balkongeländer-Begrüner. Die Pflanzen werden wie Zucchini vorgezogen, brauchen aber noch mehr Erde (je größer der Topf, desto besser), Nahrung (Kompost plus Humus) und Wasser. Kürbis ist wie Zucchini leider sehr anfällig für Schädlinge. Auf kleinfrüchtige und robuste Sorten achten.

Gärtnern auf fremdem Boden

Wer sagt eigentlich, dass man fürs Gärtnern einen Garten oder Balkon braucht? Es gibt doch Hinterhöfe, Gemeinschaftsprojekte und Freunde.

Wen es im Frühjahr in den Fingern juckt oder wer in Gärtnereien die Zeit vergisst, ist mit ziemlicher Sicherheit vom Gartenfieber befallen. Dagegen gibt es nur eine Therapie: Loslegen! Für Garten- und Balkonlose bleibt die Frage: wo? Aber die ist schnell beantwortet.

Hinterhof in Grün statt Grau: Gärtnern mit Hintertürchen

Meist sind sie ein trostloser Anblick: von allen Seiten mit Hauswänden oder Mauern gerahmte Flächen, lieblos gepflastert und nur als Abstellplatz für Mülltonnen oder Fahrräder genutzt. Menschen, die mit dem Gartenfieber infiziert sind, sehen dort jedoch eine Möglichkeit, nah an zu Hause tropisches Grün und leuchtende Blüten zu ziehen. Die gute Nachricht: Sie haben recht! Bevor man sich allerdings in Arbeit und Unkosten stürzt, sollte man

das Gespräch mit dem Vermieter suchen. Das Aufstellen von Kübeln und Gartenmöbeln ist auf Gemeinschaftsflächen zwar prinzipiell erlaubt, solange es niemanden stört oder zur Stolperfalle wird. Der Hauseigentümer kann aber per Hausordnung festlegen, dass zum Beispiel Möbel nach dem Benutzen wieder weggeräumt werden müssen. Wer seine Mitmieter vorher über die Pläne informiert, erhöht die Chancen, dass alle Gefallen an der Idee finden. Und von einer Mietergemeinschaft, die sich einig ist, lässt sich ein Vermieter sicherlich eher überzeugen, einer Umgestaltung zuzustimmen. Oft lassen sich andere Mietparteien für das Gärtnern begeistern und der Hinterhof wird so im Nu zu einem Treffpunkt für alle Hausbewohner. Alle paar Wochen kann man sich für größere Gemeinschaftsarbeiten verabreden und den Tag beim Grillen oder am Lagerfeuer im Feuerkorb fröhlich ausklingen lassen.

Hinterhofgärten sind Topfgärten

Zwischen Hauswänden und Nachbargrundstück lässt
es sich mit Töpfen, Kübeln und anderen Pflanzgefäßen
(→ Seite 136) bestens gärtnern. Hoch und ausladend
wachsende Pflanzen stellt man in den Hintergrund. Da-
vor platziert man filigrane Gewächse. Dabei kann man jederzeit umgestalten: Was nicht mehr blüht, wird mit anderen Pflanzen getarnt. Wird für eine Sommerparty Platz
für Büffet und Stühle benötigt, schiebt man die Töpfe en-
ger zusammen oder räumt sie für den Tag in den Keller.
Nicht zuletzt ist ein Topfgarten praktisch, wenn ein Umzug ansteht. Die Pflanzen sind schnell eingeladen und
am neuen Wohnort aufgestellt.

Pflanzen für den Topfgarten

Es liegt in der Natur der Sache, dass Hinterhöfe meist
recht schattig liegen. Da muss man sich auf Arten beschränken, die mit diesen Konditionen zurechtkommen.
Dazu gehören Fleißige Lieschen *(Impatiens walleriana)*,
Fuchsien, aber auch Funkien *(Hosta)*, Farne oder Hor-

> **»Oft lassen sich andere Mieter
> für das Gärtnern begeistern und der
> Hinterhof wird zum Treffpunkt.«**

tensien *(Hydrangea)*. Gelblaubige Pflanzen oder solche,
die weiß blühen, hellen dunkle Ecken auf. Wo die Sonne
senkrecht vom Himmel in den Hinterhof knallt, gedeihen
Sukkulenten, Kräuter und viele Pflanzen aus dem Bal-
kon-Sortiment. Als Faustregel gilt: Je größer und weicher
das Laub, desto mehr muss gegossen werden.

Rechts   Duftgeranien *(Pelargonium)* sind ideal für sonnige
Hinterhöfe. Sie gedeihen gut im Kübel, brauchen nicht allzu viel Wasser und die Auswahl an Sorten ist riesig.

Gemüse für alle!
Gemeinsam gärtnern

Die Städte zurückerobern … Wissen, wo das, was man isst herkommt … Transportwege sparen … Günstig an frisches Gemüse kommen … Interkulturelle Begegnungen ermöglichen … Zwischen Straßen und Häusern einen Lebensraum für Pflanzen und Tiere schaffen … Die Gründe, in der Stadt Gärten anzulegen, sind vielfältig.

Die Idee vom Gärtnern in der Stadt

Vor allem bietet die **Urban-Gardening**-Bewegung auch denjenigen die Möglichkeit, selbst Gemüse und Blumen anzubauen und zu ernten, die keinen eigenen Garten haben. Da die Flächen oft nur für befristete Zeit zur Verfügung stehen, wird in mobilen Gefäßen wie Brotkisten, aber auch Tetrapacks oder Kartoffelsäcken gepflanzt. Die Stadt Andernach hat in dem 2013 gestarteten Projekt »Essbare Stadt« große Teile der öffentlichen Grünanlagen in Gemüsegärten verwandelt. Die Arbeit und die Ernte wird von den Bürgern übernommen. Eine Variante des Urban Gardenings ist das **Guerilla Gardening**, eine Bewegung aus England, bei der es darum geht, ganz unbürokratisch das eigene Umfeld schöner zu gestalten. Dabei werden Blumen auf Verkehrsinseln ausgesät und Baumscheiben oder kleine Nischen zwischen Häusern bepflanzt. Bei einigen Aktionen werden politische Aussagen wie das Auflehnen gegen das Spießbürgertum mit dem Guerilla-Gärtnern verknüpft. Gemeinschaftsgärten sind von der Stadt genehmigt oder zumindest geduldet — Guerilla-Aktionen werden dagegen am liebsten heimlich durchgeführt.

Unten Der Prinzessinnengarten ist der wohl bekannteste Gemeinschaftsgarten Deutschlands. Aber auch auf dem Hamburger Gartendeck wird gemeinsam gegärtnert.

Als Garten-Starter ist die Beteiligung an einem **Gemein-schaftsgarten** eine gute Möglichkeit, mehr über Pflanzen zu erfahren und neue Menschen kennenzulernen. Jeder bringt sich seinen Fähigkeiten entsprechend ein, man profitiert vom Wissen der anderen. Dabei fallen nicht nur gärtnerische Arbeiten an, je nach Größe des Gartens müssen Geräteschuppen oder Sitzplätze gebaut oder Wege angelegt werden. Viele Gruppen treffen sich regelmäßig, um die Ernte zusammen zuzubereiten.

Gibt es in der eigenen Stadt noch keinen Gemeinschaftsgarten, kann man natürlich auch selbst einen gründen. Dafür müssen zuerst das passende Grundstück und am besten auch gleich einige Mitstreiter gefunden werden. Die Finanzierung muss ebenfalls geklärt werden. Schließlich entstehen für Pacht, Bepflanzung und Anschaffung und Pflege von Geräten Kosten. Die Summe legt man auf alle Beteiligten um. Unter Umständen ist es sinnvoll, einen Verein zu gründen. Außerdem kann man versuchen, Sponsoren für Pflanzen oder Gartenmöbel zu finden. Wer gebrauchte Geräte organisiert und die Pflanzen auf Tauschbörsen besorgt, kann das Startbudget niedrig halten. Die anstehenden Arbeiten kann man innerhalb der Gärtnergemeinschaft aufteilen. Jeder übernimmt, was ihm am meisten liegt. Das kann die Pflege der Blumenbeete, von Bäumen und Sträuchern oder einem Teich sein oder das Instandhalten von Geräteschuppen und Lauben. Sind Familien am Projekt beteiligt, darf eine Spielecke für Kinder nicht fehlen.

Wenn mein Garten dein Garten wird

Ein anderes Konzept ist es, den eigenen Garten nicht nur allein zu nutzen, sondern die Fläche mit Gleichgesinnten zu bewirtschaften. So bekommen Alleinstehen-

de Gesellschaft, Ältere Hilfe bei der Gartenarbeit, Bewohner von balkon- oder gartenlosen Wohnung die Möglichkeit, sich im Freien zu betätigen. Je nach Grundstück und dem Zustand des Gartens kann man die Fläche in Parzellen teilen oder gemeinsam überlegen, wer welche Aufgaben übernimmt. Voraussetzung für ein sol-

> **»Hier bringt jeder ein, was er am besten kann und profitiert vom Wissen der Anderen.«**

ches Privatprojekt ist, dass genau geklärt wird, wie Absprachen und Abstimmungen getroffen werden und — sofern auch Nutzpflanzen im Garten wachsen — was mit der Ernte geschieht. Im Anhang sind Internetseiten aufgelistet, über die Gartenbesitzer und Gartensuchende in Kontakt kommen können.

Rechts Ein umsichtiger Umgang mit Rohstoffen ist eines der Merkmale von Stadtgärten. Tetrapaks ersetzen Blumentöpfe, so muss nichts neu produziert und gekauft werden.

Im Dunkeln ist gut Ranunkeln: Guerilla Gardening

Der Guerilla-Gärtner verändert das Stadtbild, bleibt selbst aber mehr oder weniger unsichtbar. Beliebte Aktionen sind das Einpflanzen von Gemüsepflänzchen in öffentliche Blumenbeete, das Begrünen von Mülleimern oder Verkehrsinseln, aber auch von Pflanzgefäßen, die aus Kostengründen nicht mehr von der Stadt gepflegt werden. Offiziell macht der Guerilla-Gärtner sich damit strafbar. Das Begrünen von Brachflächen oder Baumscheiben könnte als Sachbeschädigung ausgelegt werden. Wer eine wie auch immer geartete Aktion starten will, sollte also darauf achten, dass dadurch niemandem ein Schaden entsteht. Sät man Blumen auf einer freien Kiesfläche aus, wird dies nicht jedem gefallen, aber wohl kaum zur Anzeige gebracht werden. Kneift man allerdings einen Zaun auf, um auf das Grundstück zu kommen, sieht der Fall schon anders aus.

Einige Städte und Gemeinden sind dank solcher Aktionen dazu übergegangen, ihre Einwohner dazu aufzurufen, das Stadtbild zu verschönern. Sie vermitteln Patenschaften für Baumscheiben — also dem sonst meist nur als Hundeklo genutzten Boden rund um den Stamm. Die Bedingungen sind von Stadt zu Stadt verschieden. Meist darf man pflanzen, was gefällt, oft ist man aber auch für das Gießen des Baumes zuständig. Nur der Nervenkitzel der nächtlichen Guerilla-Aktionen geht verloren … Bietet die Stadtverwaltung solche Patenschaften nicht offiziell an, kann es sich trotzdem lohnen, sich zum Zuständigen durchzufragen oder im Internet nach Informationen zu suchen. Die Stadt Berlin zum Beispiel vergibt keine expliziten Patenschaften, erlaubt aber die Bepflanzung unter bestimmten Voraussetzungen.

Links Stadtgärtner haben großen Spaß daran, die unmöglichsten Orte zu begrünen. Auf der eigenen Fensterbank ist das legal, auf öffentlichen Plätzen eher nicht.

Außerdem findet man auf entsprechenden Internetseiten Tipps, wie man dem Baum vor der Haustür das Leben erleichtern kann, auch ohne ihn zu unterpflanzen.

Guerilla Gardening mit Verstand

Frisches Grün und bunte Blüten sind zwischen Häusermauern auf den ersten Blick immer ein Grund zur Freude — aber nicht immer sinnvoll. Einige exotische Pflanzen wuchern sehr stark und verdrängen die einheimischen. Letztere dienen aber den Insekten als Nahrungsquelle. Und wer seine frisch gesetzten Pflänzchen um jeden Preis schützen will und dafür zu chemischen Pflanzenschutzmitteln greift, schadet nicht nur Menschen und Tieren in seiner Umgebung, sondern dem gesamten Ökosystem. Auch zu viel Dünger ist unnötig und sogar schädlich, wenn er ins Grundwasser ausgewaschen wird.

Rechts Es braucht nicht viel, um dem Stadtgrau etwas entgegenzusetzen und solche Minigärtchen schaden niemandem. Die Zutaten: drei Hornveilchen, ein Loch, Wasser.

Samenbomben: spaßig oder sinnvoll?

Inzwischen kann man die Erdklumpen, in die verschiedene Blumensamen eingeknetet sind, sogar im Baumarkt bekommen. Als Symbol der Guerilla-Gardening-Bewegung funktionieren sie wunderbar. Aber wie gut taugen sie zur Begrünung von Flächen? Praktisch sind Samenbomben, weil man sie unauffällig abwerfen kann. Aber: Damit tatsächlich eine blühende Blumenwiese entsteht, muss der Boden vor und nach dem Abwerfen für einige Tage feucht sein. Herrscht kein passendes Wetter, muss man nachts mit der Gießkanne losziehen. Außerdem bringt man die Samen mit den Erdklumpen sehr konzentriert aus. Einmal werfen und sich den Rest des Sommers über freuen funktioniert also nicht. Sinnvoll sind Samenbomben daher auf Flächen, die brach liegen und die man häufig heimlich besuchen kann.

Pflanzen für Guerilla-Gärtner

Diese Blumen haben selbst im Großstadtdschungel gute Chancen zu bestehen:
→ Hornveilchen (Viola cornuta)
→ Sonnenblume (Helianthu annuus)
→ Ringelblume (Calendula officinalis)
→ Schmuckkörbchen (Cosmea)
→ Mais (Zea mays)
→ Fetthenne (Sedum)
→ Mohn (Papaver)
→ Studentenblume (Tagetes)
→ frühlingsblühende Zwiebelpflanzen

Anhäufeln

Anhäufen der Erde rund um die Pflanze. Ziel ist, die Pflanze dazu anzuregen, am Stiel Wurzeln zu bilden oder längerere Stiele zu bekommen (Porree), oder ihr Winterschutz zu geben (Rosen und einige Stauden).

Ballen

Das gesamte Wurzelnetz der Pflanze inklusive der anhaftenden Erde.

Blattschmuckpflanze/-staude

Pflanzen, die man wegen ihrer außergewöhnlich gefärbten oder geformten Blätter auswählt.

Botanische Namen

Lateinische Bezeichnung für Pflanzen, die weltweit gelten. Sie bestehen aus Gatttung, Art und Sorte (*Echinacea purpurea* 'Alba'). Da die deutschen Namen oft regional unterschiedlich sind, lohnt es sich, sich mit den botanischen Namen zu beschäftigen.

Dünger, organisch/mineralisch

Stoffe, die den Nährstoffgehalt des Bodens erhöhen und damit das Pflanzenwachstum verbessern. Organische Dünger werden aus pflanzlichen oder tierischen Rohstoffen gewonnen, während mineralische Dünger künstlich hergestellt oder im Bergbau gewonnen werden.

Einjährige

Pflanzen, die innerhalb eines Jahres ihren kompletten Lebenszyklus abschließen, also keimen, wachsen, blühen, Samen tragen und danach absterben.

Entgeizen

Auch **Ausgeizen**: Das Entfernen von Seitentrieben bei Tomaten. Dabei knipst man die Triebe, die in den Blattachseln wachsen, mit den Fingernägeln ab. So bekommt der Haupttrieb mehr Energie, die Früchte mehr Sonne. Entgeizen sollte man mindestens alle zwei Wochen.

Hornspäne

Ein organischer Dünger aus Rinderhorn. Er zersetzt sich langsam und ist damit ein natürlicher Langzeitdünger.

Humus

Obere Bodenschicht aus abgestorbenem organischem Material, das durch die Arbeit von Mikroorganismen zersetzt wurde. Nährstoffreich.

Hybride

Pflanze, die durch Kreuzung verschiedener Arten oder unterschiedlicher Sorten entstanden ist. Die Nachkommen zeigen nicht die Eigenschaften der Elternpflanzen.

Keimblätter

Die ersten beiden (bzw. bei Gräsern nur eines) Blätter, die eine Pflanze bildet. Sie sind meist anders geformt als das erwachsene Laub.

Langzeitdünger

Dünger, der sich nur langsam zersetzt und so die Pflanzen über längeren Zeitraum mit Nährstoffen versorgt.

Dunkel-/Lichtkeimer

Dunkelkeimer keimen nur bei Dunkelheit, müssen also bei der Aussaat mit Erde bedeckt werden. Lichtkeimer benötigen zum Keimen einen Lichtreiz, daher darf man sie nicht abdecken. Lichtneutrales Saatgut keimt sowohl auf als auch unter der Erde.

Mehrjährige

Wiederholen ihren Lebenszyklus jedes Jahr von vorne. Dieselbe Pflanze treibt aus, blüht und trägt Samen. Darunter fallen Stauden und Gehölze.

Nützlinge

Natürliche Gegenspieler von Schädlingen. Man kann sie fördern, indem man den Garten entsprechend gestaltet. Bei akutem Befall kann man sie bei Firmen bestellen.

Panaschierung

Blattfärbungen, wie weiße oder cremefarbene Flecken, Ränder oder Zeichnungen, die durch das Fehlen von Blattgrün (Chlorophyll) entstehen. Wichtiges Merkmal von ➜ Blattschmuckpflanzen.

Remontieren

Das Ausbilden einer zweiten Blüte nach der Hauptblüte. Diese fällt meist nicht so prächtig aus.

Schwach-, Mittel- und Starkzehrer

Einteilung von Pflanzen nach ihrem Nährstoffbedarf. Wichtig vor allem beim Anbau von Gemüse, wo man verschiedene Arten auf dem gleichen Beet anbaut.

Vereinzeln

Auch **Pikieren**: Das Trennen zu dicht gesäter Pflanzen. Bei Pflanzen, die man direkt ins Beet sät, zieht man die Keimlinge mit der Hand heraus. Hat man in Saatschalen gesät, pflanzt man die Keimlinge in Töpfe um.

Vorziehen

Die Aussaat von Pflanzen in der Wohnung oder im Gewächshaus, bevor es im Garten möglich wäre. So kann man zum Start der Gartensaison bereits kleine Pflänzchen nach draußen setzen und die Wartezeit bis zur ersten Blüte oder Frucht verkürzt sich.

Winterhärte

Das Maß, in dem Pflanzen Kälte ertragen. Normalerweise winterharte Pflanzen können im Topf empfindlicher sein. Je nach Winterhärte muss der Winterschutz entsprechend gewählt werden. Oft wird auf Pflanzetiketten die Winterhärtezone angegeben. Sie sagt aus, welche Tiefstemperatur die Pflanze ohne größere Schäden überstehen kann.

Zweijährige

Pflanzen mit einem zweijährigen Wachstumszyklus. Im ersten Jahr bringen sie nur Blätter hervor, nach dem Winter treiben sie wieder aus, blühen, tragen Samen und sterben dann vollständig ab.

Im Frühling

- ✪ Kübelpflanzen aus dem Winterquartier räumen. Wurzeln und Krone zurückschneiden und Pflanzen umtopfen. Bei Frost ins Haus bringen.
- ✪ Töpfe und Balkonkästen bepflanzen und wie die Kübelpflanzen ab Mitte Mai draußen lassen.
- ✪ Tomaten, Auberginen, Paprika und einjährige Blumen aussäen.
- ✪ Stauden von abgestorbenen Pflanzenteilen befreien, bevor die Zwiebelblumen ausgetrieben haben. Wo Pflanzen den Winter nicht überstanden haben, nachpflanzen.
- ✪ Kompost auf den Beeten verteilen. Das geht am leichtesten, wenn die Stauden noch nicht zu stark ausgetrieben sind.
- ✪ Obstgehölze schneiden, wenn sie mit dem Austreiben beginnen. Ohne Laub ist die Form gut zu erkennen.
- ✪ Ab April die ersten Sätze Radieschen, Möhren und Feldsalat säen. Im Hochbeet geht das sogar zwei Wochen früher.
- ✪ Stauden teilen (→ **Seite 24**).
- ✪ Unkraut wächst auch im Winter — jetzt jäten.

Im Sommer

- ✪ Verblühtes zu entfernen lohnt sich vor allem bei Beet- und Balkonpflanzen. Sie blühen dann länger.
- ✪ Topfpflanzen etwa 6 bis 8 Wochen nach dem Einpflanzen ein zweites Mal düngen.
- ✪ Endlich ernten! Radieschen, Salat, Tomaten und vieles mehr sind jetzt reif.
- ✪ Rittersporn (*Delphinium*), Steppen-Salbei (*Salvia nemorosa*) oder Katzenminze (*Nepeta*) blühen ein zweites Mal, wenn man sie nach der ersten Blüte radikal zurückschneidet.

- Frauenmantel (*Alchemilla*) oder Storchschnabel (*Geranium*) schneidet man nach der Blüte zurück. Die Pflanzen wachsen dann buschiger und breiten sich nicht unerwünscht aus.
- Pflanzen, die schnell gewachsen sind, topft man jetzt um.
- Stauden, die sehr hoch wachsen, wie Rittersporn (*Delphinium*), Astern (*Aster*) oder Sonnenblumen (*Helianthus*), werden vom Wind leicht umgedrückt. Man bindet sie an Stäbe oder Gitter (→ **Seite 48**).
- In heißen Sommern täglich gießen.
- Von Kürbis oder Tomaten Samen sammeln und trocknen (→ **Seite 29**). Nimmt man die Samen von der ersten reifen Frucht, erhält man im nächsten Jahr Pflanzen mit früh reifenden Früchten.

Im Herbst

- Von Einjährigen, die man nächstes Jahr wieder aussäen möchte, sammelt man jetzt Saatgut.
- Kübelpflanzen auf den Winter vorbereiten (→ **Seite 52**).
- Laub vom Rasen fegen und es als Winterschutz auf dem Staudenbeet verteilen oder auf den Kompost geben.
- Geschnittene Pflanzenteile von Gehölzen und Stauden zu Haufen stapeln. Sie dienen Kleintieren als Winterquartier.
- Spätestens nach dem ersten Frost Einjährige und Balkonblumen auf dem Kompost entsorgen.
- Blumenzwiebeln für nächstes Jahr setzen (→ **Seite 40**).
- Auf leeren oder neu angelegten Beeten Gründüngung aussäen.
- Nicht winterharte Knollenpflanzen wie Dahlien und Gladiolen ausgraben und einlagern, sobald die oberirdischen Pflanzenteile abgefroren sind (→ **Seite 28**).

- Übertöpfe aus Terrakotta oder anderen nicht frostharten Materialien in die Garage oder den Keller bringen.
- Noch am Baum hängende Äpfel und andere Früchte ernten und verwerten oder falls nötig über den Hausmüll entsorgen. So vermeidet man, dass Schädlinge und Krankheiten darin überwintern.
- Kübelpflanzen geschützt stellen, sobald es nachts unter 5 Grad kalt wird. So können sie möglichst lange im Freien bleiben. Das erhöht die Chance, sie lebend über den Winter zu bekommen. Vor dem Einzug ins Winterquartier nur extrem lange Triebe entfernen. Erst im Frühjahr wird stark zurückgeschnitten.

Im Winter

- Pflanzen im Winterquartier kontrollieren und gießen: Immergrüne einmal die Woche, laubabwerfende Pflanzen alle 14 Tage.
- Das Kräuterbeet mit Fichtenreisig vor Sonne schützen.
- Immergrüne Kübelpflanzen, die draußen bleiben, an Tagen ohne Frost gießen.
- Immergrüne und Nadelgehölze von Schnee befreien. Die Pflanzen können sonst zusammenbrechen.
- Geräte und Werkzeuge pflegen, damit es im Frühling direkt wieder losgehen kann.
- Bei älterem Saatgut eine Keimprobe machen. So spart man sich Frust im Frühling.

Allgemeine Gartentipps

Bodenproben
Die Landwirtschaftskammern geben für ihr Bundesland
Informationen über die zuständigen Stellen.

Gartentipps
www.gartenfreunde.de
www.bio-gaertner.de

**Pflanzenkrankheiten und -schädlinge
bestimmen**
Die Seite ist zwar für Zimmerpflanzen gedacht, die
Schädlinge und Krankheiten sind aber die gleichen
wie im Garten.
www.zimmerpflanzendoktor.de

**Pflanzenkrankheiten und -schädlinge
erkennen**
Bilder zu Obst, Gemüse und Zierpflanzen:
www.kleingartenkolonie-gruene-aue.de/
Gartenfachberatung/pflanzenkrankheiten.htm

**Pflanzenkrankheiten und -schädlinge
an Gehölzen**
Mit Datenbank zum Bestimmen: www.arbofux.de

Unkraut bestimmen
Unkräuter nach Bildern bestimmen oder nach
Kategorien wie »essbar«, »giftig« oder »schick«
sortieren lassen.
www.unkraeuter.info

Gartenwerkzeuge
www.dictum.com
www.felco.de

Alte Sorten

**Verein zur Erhaltung der Nutzpflanzen-
vielfalt e.V.**
www.nutzpflanzenvielfalt.de

**Gemeinnützige Gesellschaft für die kultur-
historische und genetische Vielfalt von
Pflanzen und Tieren in Deutschland**
www.prospecierara.de

**Gesellschaft für die Erhaltung der Kultur-
pflanzenvielfalt und ihre Entwicklung**
www.arche-noah.at

Biologisch gärtnern

Dünger, Erden, Pflanzenschutz
www.snoek-naturprodukte.de

Nützlinge, Insektenhotels
www.nuetzlinge.de

Saatgut
Zusammenschluss ökologisch wirtschaftender Betriebe
zur Saatgutvermehrung, -züchtung und -vermarktung:
www.dreschflegel-shop.de

Pflanzen, Saatgut, Düngemittel, Werkzeuge
Versand, Bioland-Betrieb
www.biogartenversand.de

Insektenhotels
Bauanleitungen bekommt man bei Naturschutz-
organisationen wie BUND oder NABU.

Gärtnereien

Gärtnerei Familie Rasche, 32120 Hiddenhausen
Schaugarten, Veranstaltungen, Bioland-Betrieb
www.gaertnerei-rasche.de

Staudengärtnerei Zinser, 30916 Isernhagen
Schaugarten, Veranstaltungen
www.stauden-zinser.de

Gärtnerei Hügin, 79108 Freiburg
Schaugarten, Veranstaltungen
www.ewaldhuegin.com

Staudengärtnerei Frank, 82064 Straßlach-Dingharting
Schaugarten, Versand, Veranstaltungen
www.stauden-frank.de

Staudengärtnerei Christian Müller, 83539 Pfaffing-Eschlbach
Schaugarten, Versand, Veranstaltungen, Naturland-Betrieb
www.stauden-mueller.de

AllgäuStauden, 88299 Leutkirch
Schaugarten, Versand, Veranstaltungen, Bioland-Betrieb
www.allgaeustauden.de

Staudengärtnerei Gaissmayer, 89257 Illertissen
Schaugarten, Versand, Veranstaltungen, Bioland-Betrieb
www.gaissmayer.de

Sarastro-Stauden, A-4974 Ort im Innkreis 131
Schaugarten, Veranstaltungen, Versand
www.sarastro-stauden.com

Gemeinsam gärtnern

Gemüseacker zum Mieten
www.meine-ernte.de

Bundesverband Deutscher Gartenfreunde e.V.
Saisonale Gartentipps, Links zu Landesverbänden. Dort kann man nach freien Schrebergärten suchen.
www.kleingarten-bund.de

Urbanes Gärtnern
Bringt Stadtgärten und Gärtner zusammen:
www.will-pflanzen.de

Gärten teilen
Internetseite, auf der man Mit-Gärtner für den eigenen Garten oder einen Garten zum Mitarbeiten suchen kann.
ww.meine-ernte.de

Pflanzenbörsen

Online-Forum zum Pflanzentausch
www.tauschgarten.de

Vor Ort
Termine bei Umweltgruppen, Grünflächenämtern oder Transition-Town-Initiativen erfragen.

Dank

Die Autoren und der BLV Buchverlag danken der Staudengärtnerei Gaissmayer herzlich für die Unterstützung beim Fotoshooting.

Stichwort-verzeichnis

Seitenzahlen mit * verweisen auf Abbildungen

Über die Autoren

Sebastian Ehrl ist ein erfahrener Staudengärtner-Meister mit guter-Laune-Garantie! Nach seiner Ausbildung zum Zierpflanzengärtner wechselte er 2004 zur Staudengärtnerei Gaissmayer in Illertissen, die das Bio-Siegel trägt und bundesweit Rang und Namen hat. Sechs Jahre später absolvierte Sebastian Ehrl in Landshut/Schönbrunn die Meisterschule und kehrte wieder nach Illertissen zurück. Dort war er nicht nur für die Koordination und das Qualitätsmanagement im Privatverkauf der Gärtnerei zuständig, sondern war auch ein viel gefragter Ansprechpartner für Vorträge, Veranstaltungen und Kurse. Nach langjähriger Tätigkeit bei Gaissmayer wechselte er 2014 zur Staudengärtnerei Sarastro in Oberösterreich.

Bei **Jutta Langheineken** ist nicht nur der Daumen grün! Auf ihr Gartenbaustudium folgte ein redaktionelles Volontariat, seitdem schreibt sie als Garten-Journalistin für verschiedenste »grüne Medien« – seien es Publikumsmagazine, Buchverlage oder Fachzeitschriften. Seit über 20 Jahren arbeitet sie in Gärtnereien verschiedener Sparten, 2006 machte sie sich mit ihrem Redaktionsbüro selbständig, das auf die Themen Garten und Natur spezialisiert ist. Ihr Wissen vermittelt sie außerdem an der Fakultät Agrarwissenschaften und Landschaftsarchitektur der Hochschule Osnabrück. Wie sie es zusätzlich schafft, ihren eigenen Garten zu bewirtschaften, ist ihr manchmal selbst ein Rätsel. Mehr Informationen unter: www.stepoutside.de

Über die Fotografin

Nadja Buchczik ist freie Fotodesignerin mit den Schwerpunkten Editorial und Portrait. Ihre Leidenschaft für die Fotografie entdeckte sie 2004 in Sydney, wo sie erste Erfahrungen als Fotoassistentin sammelte und die Entscheidung fällte, »Fotografie & Medien« in Bielefeld zu studieren. Ihre Bilder bestechen durch eine sehr frische, gefühlvolle Optik und sind in zahlreichen Lifestyle-Magazinen zu finden. Mehr Informationen unter: www.nadjabuchczik.de

Impressum

Bibliografische Information der Deutschen Nationalbibliothek
Die Deutsche Nationalbibliothek verzeichnet diese Publikation in der Deutschen Nationalbibliografie; detaillierte bibliografische Daten sind im Internet über http://dnb.d-nb.de abrufbar.

BLV Buchverlag
GmbH & Co. KG

80797 München

© 2014 BLV Buchverlag GmbH & Co. KG, München

Das Werk einschließlich aller seiner Teile ist urheberrechtlich geschützt. Jede Verwertung außerhalb der engen Grenzen des Urheberrechtsgesetzes ist ohne Zustimmung des Verlags unzulässig und strafbar. Das gilt insbesondere für Vervielfältigungen, Übersetzungen, Mikroverfilmungen und die Einspeicherung und Verarbeitung in elektronischen Systemen.

Bildnachweis: Alle Bilder von Nadja Buchczik, außer: Alisa – Fotolia.com: 145o; anueing - Fotolia.com: 145u; Art Phaneuf – LostArts – shutterstock.com: 63l; Carmen Kirchhain: 167r; dimakp – Fotolia.com: 148om; Flora Press/Royal Horticultural Society: 73; Gärtnerei Gaissmayer: 82, 83u, 90, 91, 92ml, 92u, 93, 142, 143, 148ol, 148m, 148u; Grigory Kondratiev – Fotolia.com: 144u; Ingairis – Fotolia.com: 92mr; Irina Fischer – Fotolia.com: 83o; Maksim Shebeko – Fotolia.com: 124; Maria Brzostowska – Fotolia.com: 92or; Meyer-Rebentisch: 156–159; siberianlena – Fotolia.com: 106um; sinuswelle – Fotolia.com: 106ml; Tobias Arhelger – Fotolia.com: 92om; Tom – Fotolia.com: 144o; vaivirga – Fotolia.com: 148or; Vidady – Fotolia.com: 92ol

Umschlagkonzeption: Kochan & Partner, München
Umschlagfotos: Nadja Buchczik
Lektorat: Sandra-Mareike Kreß
Herstellung: Ruth Bost
Layoutkonzept Innenteil, Satz und Layout: griesbeckdesign, München

Gedruckt auf chlorfrei gebleichtem Papier

Printed in Germany
ISBN 978-3-8354-1260-6

Hinweis
Das vorliegende Buch wurde sorgfältig erarbeitet. Dennoch erfolgen alle Angaben ohne Gewähr. Weder Autoren noch Verlag können für eventuelle Nachteile oder Schäden, die aus den im Buch vorgestellten Informationen resultieren, eine Haftung übernehmen.